SANAR LAS 5 HERIDAS DEL CORAZÓN

SANAR LAS 5 HERIDAS DEL CORAZÓN

JUICIO, SEPARACIÓN, ABANDONO, TRAICIÓN Y RECHAZO

MARIE MBOUNI

Médica, sanadora energética y chamana

DIANA

Título original: *Healing the Five Wounds of the Heart: Free Yourself from the Bonds of the Past*

Traducción: Sigrid Hernández
Formación: Alejandra Romero

Bajo el sello editorial DIANA M.R.
Avenida Presidente Masaryk núm. 111,
Piso 2, Polanco V Sección, Miguel Hidalgo
C.P. 11560, Ciudad de México
www.planetadelibros.com.mx

Primera edición impresa en México: julio de 2026
ISBN: 978-607-39-4422-9

Impreso en los talleres de Impresora Tauro, S.A. de C.V.
Av. Año de Juárez 343, Col. Granjas San Antonio,
Iztapalapa, C.P. 09070, Ciudad de México
Impreso y hecho en México – *Printed and made in Mexico*

Para mi abuela, quien enfrentó grandes pérdidas y adversidades a lo largo de su vida y, aun así, nunca perdió su resiliencia ni su capacidad de amar. Tu fortaleza y tu bondad me inspiraron, y me siento agradecida por todo el amor y la sabiduría que me compartiste.

Y para el niño que hay dentro de cada uno de nosotros que, aun llevando consigo las heridas del corazón, sigue siendo capaz de sentir infinito amor, alegría y capacidad de asombro. Honro su valentía y su resiliencia, y me comprometo a ayudarlo a sanar y a convertirse en la mejor versión de su ser.

Que este libro sea un tributo al poder sanador del amor, y un testimonio de la fuerza y la belleza del espíritu humano.

ÍNDICE

PARTE 4

PARTE 5

CONCLUSIÓN

INTRODUCCIÓN

¿Alguna vez te has sorprendido repitiendo un patrón en el que habías jurado nunca volver a caer? Tal vez estás haciendo demasiadas cosas por todos los que están a tu alrededor, fingiendo ser alguien que no eres para caerles bien a tus vecinos o compañeros de trabajo, soportando los malos tratos de tu pareja, o sacrificando tus objetivos para complacer a alguien más. Quizá pienses «¿Por qué me está pasando esto de nuevo?»; sin embargo, no importa cuántas veces decidas hacer las cosas de manera diferente, parece que las mismas situaciones se presentan en tu vida una y otra vez, como si las atrajeras magnéticamente.

Como chamana y sanadora energética, veo este tipo de cosas todo el tiempo. Las personas acuden a mí porque se sienten atrapadas en una espiral infinita. Si bien saben a nivel intelectual cuáles son sus problemas, pareciera que no son capaces de hacer los cambios profundos que se requieren para «graduarse» en estas «materias» específicas de la educación de su alma. Pueden hablar de sus traumas del pasado desde una perspectiva consciente; sin embargo, su voz, su lenguaje corporal y su manera de ser me permiten ver con claridad que esos traumas aún influyen en su vida de formas poderosas.

Tras haber trabajado con cientos de clientes durante más de una década, he notado un nuevo patrón. Las personas que acuden a mí suelen estar muy heridas por alguno de estos cinco motivos: han sido abandonadas, han sido traicionadas, han sido obligadas a esconder su verdadero yo mediante el rechazo, han sido juzgadas, o han sido excluidas de algún vínculo que las hacía sentir conectadas con otras personas o con la divinidad. En pocas palabras, han experimentado una gran separación.

Expresaban estas heridas en sus elecciones de trabajo, pareja y amigos; de ropa, música y libros; en la atención o la falta de esta en cuanto a su aseo y sus actividades; en la rigidez o la condescendencia de su autocrítica; y en su comportamiento cuando estaban conmigo. Aunque ninguna de ellas parecía darse cuenta, estas heridas eran como filtros que determinaban toda su realidad. A menudo, parecía que eran incapaces de notar lo limitadas que eran las opciones que sus heridas les permitían ver. Las heridas se habían convertido en su mundo.

Abandono, traición, rechazo, juicio y separación: estas son las cinco heridas del corazón, las cinco maneras en las que de repente nos encontramos encerrados en un perpetuo sufrimiento. Y, aunque fue en la niñez cuando sufrimos estas heridas, en nuestra vida adulta siguen creciendo y haciéndonos buscar inconscientemente innumerables variantes de la experiencia dolorosa original.

De no atenderse, las cinco heridas del corazón conducen a conductas compulsivas repetitivas, también conocidas como *recreación del trauma,* que es un misterioso efecto por el cual los humanos buscan las mismas situaciones que los lastimaron en el pasado. Una persona con herida de juicio tenderá a juzgarse a sí misma o, inconscientemente, buscará parejas que la avergüencen. Una persona con herida de traición seguirá confiando en la gente equivocada, ignorando toda evidencia de que deberían salir corriendo en la dirección contraria. Un solo abandono en las etapas de formación se convierte después en una serie de abandonos. Una experiencia de soledad se transforma en toda una vida de separaciones.

Esto no sucede porque nuestras heridas *quieran* que suframos, de hecho, es todo lo contrario. Las conductas repetitivas son la manera en que la vida nos ofrece oportunidades para sanar. Si bien no podemos viajar al pasado y cambiar los eventos, podemos sanar el pasado respondiendo de nuevas maneras a nuestra situación presente. En este libro, te brindaré las herramientas para hacer exactamente eso. Al traer tu conciencia, tu imaginación, tu creatividad y tu valor a estas prácticas, podrás sanar las heridas de tu corazón y comenzar a vivir una vida de plenitud, tranquilidad y buena salud.

IDENTIFICA TUS HERIDAS DEL CORAZÓN

A menudo, nuestras más profundas heridas se esconden de nosotros mismos, aunque para la gente que nos rodea sean dolorosamente evidentes. Esto se debe a que hemos crecido con ellas y, al parecernos normales, no podemos verlas. Por ejemplo, si creciste con una madre que te exigía comportarte de una manera diferente a como tú eras para complacerla, es posible que pienses que fingir ser alguien distinto es un requisito normal para que te amen. Si creciste con un padre que te pedía disculpar o ignorar el dolor que te causaban sus traiciones, quizá ahora normalices las traiciones recurrentes de las personas con quienes te relacionas.

¿Alguna vez has padecido una condición médica de la que fuiste consciente solo hasta que alguien más te la hizo saber? Por ejemplo, tal vez tenías miopía en la infancia, pero no te dabas cuenta de que los demás niños sí podían ver bien el pizarrón o distinguir las hojas de un árbol sin dificultad hasta que tu maestra te lo hizo notar. O quizá tienes un trastorno afectivo estacional, pero pasaron años, incluso décadas, antes de que te dieras cuenta de que no todas las personas se sienten débiles y deprimidas en invierno.

Todos interpretamos como «normal» lo que experimentamos del mundo, a tal grado que somos incapaces de buscar ayuda, ni siquiera para esos problemas que nos duelen y debilitan; en su lugar, simplemente pensamos que «así son las cosas». Pero ¿y si te dijera que los problemas que más te duelen y te confunden en la vida no se deben solo a que «así son las cosas»? ¿Y si te dijera que son heridas que pueden sanar, de modo que termines con esos problemas para siempre? Como chamana, he dedicado mi vida a ayudar a las personas a identificar y sanar las heridas de su corazón. Tengo la esperanza de que este libro tendrá el mismo efecto en ti, aun si tú y yo nunca llegamos a conocernos en persona.

Dales un vistazo a las siguientes descripciones. ¿Alguna de estas heridas describe tu situación?

Abandono: te involucras con personas e instituciones que no se preocupan por ti. Independientemente de cuánto hagas por los demás, sigues sintiéndote solo en los momentos en que más necesitas de ellos. Y, por otra parte, tus seres queridos se quejan de que *tú las has abandonado*, sin importar cuántas veces decidas no hacerlo.

Traición: te relacionas con personas e instituciones que pierden tu confianza al mentirte, engañarte, robarte o hablar mal de ti. No importa cuánto vigiles a tus amigos y parejas, siempre terminan traicionándote. Al mismo tiempo, tú sueles traicionar a las personas que te importan, aun cuando te has propuesto firmemente tratarlas bien.

Rechazo: las personas e instituciones con las que te relacionas te fuerzan a esconder tu verdadero ser tras una máscara. Aunque estés determinado a ser tú mismo, al final te conviertes en una nueva persona para complacer a otros. En contraste, las personas importantes de tu vida te dicen que no pueden ser ellas mismas cuando están contigo. ¿El resultado? Nunca logras que tus relaciones sean tan cercanas como quisieras.

Juicio: sueles rodearte de relaciones e instituciones que te critican y te avergüenzan; además, tiendes a responder a los factores estresantes de la vida criticándote y avergonzándote. Aun si tú te esfuerzas por buscar amigos y parejas que te comprendan y te apoyen, invariablemente terminas con gente que no te valora. Por otro lado, tus seres queridos te dicen que tus constantes críticas hacen que se alejen.

Separación: constantemente te vinculas con gente o instituciones que te hacen sentir completamente solo. Puede ser que en verdad te esfuerces por conectar con otras personas y, aun así, te sientas excluido y aislado. Por otro lado, para las personas importantes de tu vida les es difícil conectar contigo o integrarte en un grupo, aun cuando se esfuerzan por incluirte.

En muchos casos, te reconocerás de inmediato en alguna de las heridas. Con solo leer estas cinco palabras —*abandono, traición, rechazo, juicio* y *separación*— es suficiente para desanimarte. Quizá todas o algunas de esas palabras evocan recuerdos específicos y vívidos de tu niñez. Tal vez con solo leerlas se te revuelve el estómago y te sudan las manos. O bien, puedes pensar: «Eso no tiene nada que ver conmigo», para luego descubrir una evidente herida que habías negado tener.

Incluso si recuerdas muy poco de tu infancia, si pones atención a tus comportamientos, puedes identificar las heridas del corazón que dominan tu vida, especialmente en lo que concierne a tus relaciones con otras personas. ¿Evitas a las personas? ¿Das demasiado? ¿Construyes muros para no crear vínculos? ¿Con frecuencia te sientes como un intruso? ¿Una y otra vez te relacionas con parejas que te mienten, abandonan, minimizan emocionalmente o esperan que seas diferente?

En cada una de las secciones que conforman este libro, te ofrezco listas de síntomas para cada herida del corazón, así como ejemplos de mi vida y la de mis clientes. Al revisar cuidadosamente estos síntomas físicos, emocionales y comportamentales, podrás identificar qué tan activa está esa herida en tu vida, ya sea que recuerdes o no su origen exacto. Además, al trabajar con las prácticas de sanación en cada capítulo, podrás aliviar gentilmente las heridas de tu corazón y restaurar tu ser para llegar a un estado de plenitud y equilibrio.

La mayoría de los adultos tiene las cinco heridas en diferentes grados. Para cuando nos encontramos en nuestros veintes, la mayoría de nosotros ha experimentado alguna forma de abandono, traición, rechazo, juicio o separación de nuestro verdadero ser. Con esto en mente, te invito a trabajar con *todas* las prácticas de sanación que hay en este libro, no solo las que se relacionan con tus heridas más evidentes. Al trabajar las cinco heridas, podrás sanar tu corazón por completo y desbloquear los tesoros que han estado esperándote todo este tiempo.

PARTE 1

LA HERIDA DE ABANDONO

Cuando era bebé, mi madre se divorció de mi papá. Ella nos dejó a mi hermana y a mí con nuestra abuela, y se fue a vivir a Europa con su nuevo esposo. Cuando cobré conciencia de que mi abuela no era mi mamá, tenía 3 años. Mi madre había volado a Camerún a visitarnos. Recuerdo que me quedé viéndola, sintiéndome confundida, tratando de entender quién era esa mujer. Si esa mujer era mi madre, como ella decía, ¿entonces quién era mi abuela? ¿Por qué yo vivía con mi abuela y no con mi mamá? ¿Por qué mi mamá vivía en un país lejano? ¿Por qué había regresado?

Cuando mi mamá volvió a irse, al cabo de unos días, me encontraba aún más confundida. Se supone que las madres deben quedarse con sus hijos. ¿Por qué la mía me abandonaba? ¿Acaso no me quería? La emoción que había comenzado a sentir respecto a reunirme con ella, rápidamente se convirtió en tristeza.

Tiempo después, cuando tenía 7 años, mi padre repentinamente apareció para llevarnos a mi hermana y a mí lejos de la casa de nuestra abuela. Aparentemente, él y mi madre habían llegado al acuerdo de que él buscaría a sus hijas cuando fueran «lo suficientemente grandes», pero a nadie se le ocurrió explicárnoslo. Un día vivíamos en casa de nuestra abuela y al siguiente nos estábamos mudando con un padre que prácticamente era un desconocido, para vivir con una madrastra y hermanastros a los que nunca habíamos visto.

Aquella vez, me sentí abandonada por mi abuela. ¿Por qué permitió que mi padre nos llevara? ¿Por qué no luchó para que nos quedáramos con ella? ¿Por qué ni siquiera puso objeción alguna? ¿No nos amaba? Los otros niños vivían en una casa, con un cuidador o un equipo de cuidadores, hasta que crecían. ¿Por qué nosotras no merecíamos lo mismo que ellos? Aunque extrañaba muchísimo a mi abuela, mi duelo se complicó por el enojo y la confusión. ¿Cómo fue capaz de hacernos eso aun sabiendo que nuestra madre nos lo había hecho antes?

El patrón de abandono continuó durante toda mi niñez. Cuando tenía 13 años, mi madre regresó de Europa y nos sacó de la casa de mi padre con el propósito de llevarnos a un internado, en una ciudad desconocida. Una y otra vez fuimos tratadas como juguetes que alguien podía tomar, mover a placer y desechar cuando los adultos perdían el interés. No importaba lo que hiciera para ganar la aprobación de mi madre y lograr que quisiera estar conmigo, me sentía como si nunca fuera «suficiente» para mantener su atención y hacer que se quedara.

Si bien este patrón de abandono parece un evidente origen de trauma, en realidad me tomó mucho tiempo darme cuenta de que la conducta de mi familia me había afectado. Fui a la facultad de Medicina y me convertí en una exitosa anestesióloga, motivo por el que creí que yo no tenía heridas. Pero como adulta, comencé a cuestionarme: «¿Qué me está pasando? Estoy soltera, sola y no confío en la gente». Era reservada y distante. Y, aunque podía fingir un buen espectáculo en las fiestas, se me dificultaba acercarme a la gente y mostrarme vulnerable. Si alguien era amable conmigo, pensaba: «Espera, ¿qué es lo que quiere de mí?».

No me molestaba en esforzarme demasiado en mis relaciones, porque asumía que cualquiera que dijera quererme, simplemente desaparecería. Y, como resultado de asumir esto de mis amigos, terminé *abandonándolos*, alejándome sin despedirme, desapareciendo de la vida de la gente y, en general, tratando a las demás personas como si fueran desechables e intercambiables. Sin darme cuenta, había comenzado a tratar a las personas como yo había sido tratada.

Después de años de una confusión dolorosa, hice un viaje chamánico autoguiado, en el que me trasladé retrospectivamente hasta mi niñez. Me encontré conmigo misma cuando tenía 3 años, y vi una imagen de mi madre y su nuevo esposo. Llevaban atuendos combinados, y tenían los dedos meñiques entrelazados. El pensamiento que me vino a la mente fue: «¿Qué necesitaría hacer para que mi madre tomara mi mano de esa manera?».

Me di cuenta de que había hecho muchos acuerdos silenciosos conmigo misma, en un esfuerzo por protegerme de futuros abandonos. Por ejemplo, uno de mis acuerdos fue «Está bien no recibir amor». Descubrir esto me impactó mucho. Había decidido que no tenía problema si vivía toda mi vida sin amor, sin darlo ni recibirlo. Imagina decidir que estaba bien no darle amor a un bebé, a un perro o a un gato, ¡ni siquiera a una planta casera! No podemos sobrevivir sin amor, sin embargo, yo había decidido que esa era una manera aceptable de vivir para mí.

Tan pronto como descubrí que me estaba privando a mí misma de amor, decidí cambiar mi vida. Resolví que, a partir de ese momento, siempre daría y recibiría amor.

Nunca más dejaría que mi herida de abandono condujera mi vida desde las sombras; yo la traería a la luz y le permitiría sanar. Y, lo más importante, nunca más me abandonaría. Me convertiría en mi propia mejor amiga, me mantendría leal a mí misma en tiempos difíciles y nunca cuestionaría mi palabra.

EL ORIGEN DE LA HERIDA DE ABANDONO

Todos nos sentimos abandonados alguna vez, ya sea por una amiga que no está ahí cuando la necesitamos, por un hermano que se rehúsa a ayudarnos cuando nuestros padres envejecen, o por un asesor de servicio al cliente que nos deja en espera por horas cuando estamos intentando resolver un problema que nos estresa. Los humanos somos criaturas profundamente sociales, y el abandono activa nuestra respuesta ante la amenaza, inundándonos de sensaciones de profunda angustia: «¿Dónde está mi tribu? ¡La necesito! ¡No puedo hacer esto solo!».

Aunque la mayoría de nosotros somos capaces de tolerar pequeñas dosis de abandono, podemos desarrollar esta herida cuando tenemos mucho que perder y nuestra angustia no se mitiga por largos periodos de tiempo. El abandono físico de un padre es solo una de las muchas causas por las que podemos desarrollarla, incluidas las siguientes:

- Vivir un duelo por la muerte de un padre o un cuidador.
- Ser afectado por el alcoholismo o la adicción de uno de nuestros padres o cuidadores.
- Tener padres negligentes.
- Quedarse solo en casa cuando se es niño.
- Ser abandonado por un(a) esposo(a).
- Tener que lidiar solo con una situación abrumadora a una edad temprana.
- Soportar lo intolerable; tener la sensación de haber sido abandonado por Dios.

Esta última –sentirse abandonado por Dios– es especialmente difícil. Una clienta mía tenía un esposo amoroso, una familia y todo el apoyo que ella podría desear, pero cuando su hija de 6 años murió de leucemia, experimentó una insoportable sensación de abandono. En este sentido, el abandono involucra el rompimiento de un contrato no escrito entre padres e hijos, o entre Dios y la humanidad. Nos sentimos abandonados cuando la persona o la deidad que se suponía debía amarnos y protegernos nos retira ese amor y protección, dejándonos solos y con un dolor inmanejable.

SEÑALES DE QUE ESTÁS VIVIENDO CON UNA HERIDA DE ABANDONO

Otra de mis clientas solía dar regalos constantemente. Le gustaba hacer galletas para el cartero; le ofrecía insistentemente de comer y beber a cualquiera que entrara por su puerta; regalaba ropa, libros o herramientas de jardín a quien creía que podría gustarles. Y no solo eso, también se ofrecía con frecuencia a hacer cosas por sus vecinos y amigos, incluso si nadie se lo pedía. Aunque a menudo las personas aceptaban con agradecimiento sus regalos, fue cuestión de tiempo antes de que nuevos conocidos comenzaran a rechazarlos, lo cual le provocó una terrible ansiedad.

La generosidad es hermosa dentro de los límites apropiados, pero el deseo de dar de mi clienta proyectaba cierta necesidad, por lo que terminaba por alejar a las personas. Ella creía inconscientemente que, al darles cosas, podía forzarlos a ser sus amigos, y así evitar que la abandonaran. Antes de que comenzáramos a trabajar juntas, ella no tenía idea de que esta conducta de constantemente dar regalos tuviera algo que ver con el abandono que había experimentado cuando era niña.

La herida de abandono puede mostrarse de maneras sorpresivas. Quizá identifiques que estás viviendo con una herida de abandono si alguna de estas situaciones te resuena:

- Necesitas desesperadamente complacer a los demás.
- Buscas que te reafirmen constantemente que te aman y te valoran.
- Evitas el compromiso.
- Das por hecho que los demás te dejarán.
- Dejas a tus parejas románticas antes de que ellas lo hagan.
- Temes estar solo, así que intentas rodearte de personas todo el tiempo.
- Alejas a tus amigos antes de que puedan decepcionarte.
- Das demasiado.
- Eres extremadamente cauteloso y reservado.
- Te preguntas si tu pareja o tus amigos realmente te aman.

- Tienes dificultad para generar sentimientos de cercanía o intimidad.

La herida de abandono te mantiene tenso al sentir que tienes que enfrentarte solo al mundo. Quizá tu cerebro te grita: «¡Haz lo que tengas que hacer para complacer a la tribu!» o «¡Ni te molestes en unirte a una tribu, de cualquier manera, te dejarán!». Puede que te vuelvas exageradamente independiente –como un vaquero solitario que atraviesa el desierto completamente solo– sin permitir que nadie se te acerque demasiado; o quizá hagas cualquier cosa por ganarte a la gente al tiempo que vas perdiendo la conexión con lo que realmente eres y vales. Veamos algunos de estos síntomas con un poco más de detalle.

No mostrarte vulnerable con otras personas

Un cliente acudió a mí porque le estaba costando trabajo abrir su corazón en una relación. Finalmente había conocido a alguien con quien podía imaginarse pasar el resto de su vida, pero sentía que él mismo se frenaba. Lo describía como la sensación de tener una barrera física rodeando su corazón, como un grueso pedazo de piel. Esta barrera había estado ahí desde que su madre murió de cáncer cuando él tenía 9 años, un evento que destruyó su niñez por completo.

Él y su hermano habían sido enviados a vivir con unos tíos que ya se encontraban abrumados con los cuidados que sus propios hijos requerían, de modo que no había nadie disponible para ayudarlos a manejar su dolor, su duelo y su confusión. Él había sido muy cercano a su madre, pero en ese entonces cerró su corazón. No entendía por qué *su* mamá había muerto, mientras que las de sus amigos y primos seguían con vida. Como muchos niños, asumió que su muerte había tenido algo que ver con él, que ella lo había abandonado porque no valía la pena quedarse para cuidarlo.

Ahora que había encontrado a la compañera de sus sueños, aquellos sentimientos de insuficiencia regresaban a él recargados. Sentía que debía trabajar muy duro para conservar el interés de su pareja, y anticiparse a cualquier necesidad que pudiera tener, de lo contrario, lo abandonaría. Al mismo tiempo, le aterraba mostrarle a su pareja su verdadera esencia o expresar todo su espectro de emociones. Intentó crear una personalidad «perfecta» ante ella, con la esperanza de que esto lo protegiera de ser abandonado, pero, mientras tanto, ocultaba la vulnerabilidad que se requiere para que una relación prospere.

Dejar a las personas antes de que ellas te dejen a ti

A otra de mis clientas se le facilitaba encontrar parejas románticas y disfrutaba mucho de la fase del enamoramiento, pero cuando estas comenzaban a hablar de compromisos como vivir juntos o tener hijos, ella encontraba una razón para terminar el vínculo. Estas rupturas frecuentemente eran muy repentinas. A sus parejas les tomaba por sorpresa la noticia de que ya no quisiera seguir con ellas, porque todo era muy repentino y la relación se terminaba.

Aunque ella anhelaba casarse y tener hijos, parecía que no podía detener este patrón de romper las relaciones tan pronto como el compromiso se hacía inminente. Su respuesta era abandonar a su pareja, antes de que sucediera lo que más temía: que la abandonaran a ella.

Cuando era niña, sus padres la dejaron con sus abuelos en Tailandia, mientras ellos emigraban a Estados Unidos para trabajar. Aunque le habían prometido enviar por ella una vez que se establecieran, eso nunca pasó. Creció sintiendo que la habían dejado atrás. En su vida adulta ansiaba cercanía y estabilidad, sin darse cuenta de las maneras en las que ella misma saboteaba sus esperanzas de obtenerlas. Tampoco podía ver cómo lastimaba a otros con su abrupta manera de terminar las relaciones, tal como ella fue lastimada de niña.

Búsqueda constante de reafirmación

La herida de abandono puede manifestarse como una necesidad de reafirmación constante de que eres amado y valorado; también es común buscar señales de que el abandono de los demás es inminente.

Tuve una clienta que tenía 10 años cuando su padre abandonó a la familia. Esto la tomó totalmente desprevenida; un día él estaba ahí y, al siguiente, se había ido sin dejar una nota ni dar explicación alguna. Más adelante descubrió que su padre se había mudado al otro lado del país para estar con una mujer a la que conoció en línea. Aunque su padre nunca había sido cálido ni cariñoso, o quizá debido a que nunca lo fue, su partida la llevó a cuestionarse toda su realidad. De pronto, no estaba segura de si su padre había sentido alguna vez amor por ella, su madre y sus hermanos. Quizás ella lo había interpretado equivocadamente.

Esta herida tuvo un profundo impacto en su vida cotidiana, aun mucho después de haber crecido y de casarse. Cada día, cuando regresaba del trabajo, sentía un ataque de ansiedad al preguntarse si su esposo seguiría estando ahí o no. Solía llamarlo varias veces al día solo para escuchar su voz, y prestaba mucha atención a cualquier pequeño cambio en su estado de ánimo o sus horarios. Si él parecía estar un poco distraído o preocupado, eso podía detonarle a ella una crisis emocional debido a la idea de que pudiera abandonarla.

Algunas veces él se quejó de siempre tener que demostrarle su amor. Sin importar cuán fiel y confiable fuera, y qué tan presente estuviera, ella constantemente buscaba más demostraciones de amor y de intenciones de estar con ella. Esta ansiedad iba tensando la relación, hasta el punto en que él se arriesgó a hacer algo que podía convertirse en una profecía autocumplida. «Siento como si estuviera siempre en un juicio», le decía. «Y esa no es vida. Tú eres la que necesita convencerse de confiar en mí. Nada de lo que yo haga te hará sentir bien».

RIESGOS DE LA HERIDA DE ABANDONO

De no tratarse, las heridas de abandono pueden provocar que alejes a las personas más cercanas a ti. Pueden mantenerte en un ciclo en el que buscas aprobación mientras intentas hallar una base sólida, ganándote a otras personas. Incluso pueden llevarte a abandonar a los demás porque asumes que tu presencia no es del todo necesaria y, por lo tanto, no te extrañarán si te vas.

La buena noticia es que eres capaz de sanar tu herida de abandono y liberarte a ti mismo de sus patrones dolorosos. En el siguiente capítulo, te compartiré mis herramientas favoritas para hacer exactamente eso.

PRÁCTICAS DE SANACIÓN

Si la herida de abandono fue provocada al romperse un acuerdo no escrito, como «los padres cuidan a sus hijos», esta empieza a sanar a través de *nuevos* contratos con la vida y con nosotros mismos. Mi propia herida de abandono sanó a partir de que hice el contrato de siempre dar y recibir amor. Empecé sonriéndoles a otras personas, acariciando a los perros, cargando a los bebés, pintando cuadros, cantando, haciéndoles saber a mis amigos cuánto significaban para mí, y demostrándome cuánto significaba *yo* para mí misma.

¿Qué otros contratos podemos hacer con la vida? Podrían ser algunos como «Soy valioso, aunque esta pareja romántica decida no estar conmigo» o «Pertenezco aquí, aun si no soy perfecto todo el tiempo».

Conforme establecemos estos nuevos contratos con la vida, nuestra capacidad de conexión se hace más profunda. Dejamos de temerle al abandono, y aprendemos a disfrutar del desordenado, extraño, sorprendente, difícil y gratificante proceso de dejar entrar a otras personas a nuestra vida.

Una vez trabajé con una clienta que era realmente exitosa pero terriblemente estricta. Cuando nos conocimos, su frialdad y rigidez llamaron mucho mi atención. Después de hablar un rato con ella, salió el tema de que había sido criada por padres que estaban ausentes con frecuencia. Su padre viajaba mucho y rara vez estaba en casa; su madre trabajaba largas jornadas y no estaba disponible a nivel emocional. Se quedaba constantemente sola desde muy pequeña, e incluso cuando su hermana nació, apenas tres años después que ella, mi clienta tuvo que cuidarla.

Cuando tenía 7 años, ya era su responsabilidad hacer la comida, no solo para sí misma, sino también para su hermana y su hermano menores. Ella lo hacía tan bien que sus padres la elogiaban por su gran capacidad, y luego le daban más responsabilidades. Como resultado de su precocidad, terminó criándose a sí misma y a sus hermanos.

Cuando comenzamos a trabajar juntas, ella era la directora general de una compañía de publicidad. En casa, todos la conocían como la «mecha corta», porque si alguien no estaba disponible para ella, se encendía al instante. Por ejemplo, si le llamaba a su hijo que estaba en la universidad, y él no respondía ni se reportaba de inmediato, ella enfurecía, ya fuera estallando en un ataque de llanto o de ira. Aunque nunca había sido capaz de expresar su enojo con sus padres por haberla abandonado cuando era una niña, se sentía «segura» expresándolo hacia su esposo y sus hijos, incluso cuando ellos no habían hecho gran cosa para merecerlo.

Como parte de nuestro trabajo juntas, hizo nuevos acuerdos, entre ellos: «Puedo amarme y cuidarme a mí misma, aun si la persona con la que quiero estar no se encuentra disponible. Y puedo confiar en que mi esposo y mis hijos me aman, sin importar qué tan alterada me sienta». Aprendió a detenerse cuando algo la encendía y a cuidarse a sí misma, en lugar de atacar a quien estuviera cerca. En otras palabras, dejó de abandonarse y comenzó a darse el amor y los apapachos que siempre debió haber recibido. Su herida de abandono empezó a sanar y se sintió más feliz y tranquila, sabiendo que ella podía encargarse de sus emociones complejas desde adentro, sin lastimar su relación con su esposo y sus hijos.

El dolor y el abandono pueden sentirse abrumadores, pero si nos abrimos lenta y constantemente al amor, podemos difuminar su energía. No importa qué tan pequeño o poco valioso te haya hecho sentir una experiencia de abandono, puedes reconstruir un sentido de autovaloración al rehusarte a abandonarte a ti mismo, incluso en medio de esas emociones difíciles. Puedes darte el amor y el cuidado que siempre necesitaste y, al hacerlo, atraerás a tu vida más de eso desde otras fuentes.

PRÁCTICA DE SANACIÓN: DESCUBRIR AL AMOR DE TU VIDA

Uno de mis maestros espirituales favoritos, don José Ruiz, habla de lo importante que es darte cuenta de que tú eres el amor de tu vida. Él sostiene que, aun si estás casado o tienes una pareja romántica, tu primera responsabilidad es nutrir y proteger al único ser que siempre ha estado bajo tu cuidado: ¡tú!

Si fuiste abandonado o desatendido cuando eras niño, es posible que carezcas de las habilidades o del conocimiento requeridos para cuidar bien de ti. Es cierto que, aun siendo un adulto, quizá el autocuidado no sea algo sencillo para ti (después de todo, ¿cuándo y de quién se supone que debías aprenderlo?), pero sin importar qué tan extraño o poco familiar se sienta autocuidarte, puedes aprender a hacerlo a partir de ahora.

Una de mis clientas experimentó el descuido cuando era niña, frecuentemente iba a la escuela con ropa que no combinaba y sin dinero suficiente para comer. Ya de adulta, no se cepillaba el cabello por días y pesaba menos de lo normal, porque no se acordaba de comer. Se esforzaba poco por su apariencia, y la ropa que usaba era simplemente para cubrir su cuerpo. Aunque había visto que las demás personas se expresaban a través de lo que vestían y cuidaban sus cuerpos, nunca había sentido que eso fuera una opción para ella; de hecho, experimentaba ese tipo de cosas casi como prohibidas.

Me daba la impresión de que este aparente olvido de sus necesidades era una especie de repetición del trauma, una manera de volver a vivir el descuido original, llevándolo consigo hasta su vida adulta. Al no cepillarse el cabello ni responder de manera apropiada cuando su cuerpo le enviaba señales de hambre, se infligía el mismo descuido que sus padres le habían dado. Le sugerí que, durante dos semanas, hiciera un experimento. ¿Qué pasaría si se permitiera todos esos actos de autocuidado «prohibidos», incluyendo actos que parecían extravagantes como cortarse el cabello o comprarse un par de pantalones que le quedaran bien?

Luchó con los sentimientos de ansiedad que surgieron cuando «perdía» el tiempo cepillándose el cabello por las mañanas, y aunque le preocupaba hacer algo vanidoso como usar ropa favorecedora, llevó a cabo el experimento con éxito. Se dio cuenta de que se sentía mejor cuando estaba limpia y bien arreglada, y no medio muerta de hambre. Simplemente nunca había creído que, como todo el mundo, ella también era merecedora de esas cosas. Aunque había sido abandonada de niña, ya no elegiría abandonarse a sí misma. Ella podía, y vaya que lo hizo, aprender las habilidades que necesitaba para cuidar del amor de su vida.

¿Cuáles son las tres acciones que puedes empezar a realizar para cuidar al amor de tu vida? Escríbelas en una nota adhesiva y pégala en tu refrigerador o en algún otro lugar visible de tu casa. ¿Puedes tratarte como alguien a quien vale la pena querer y cuidar? ¿Qué pasa cuando pasas de descuidarte a apapacharte a ti mismo?

PRÁCTICA DE SANACIÓN: VIAJAR EN EL TIEMPO

La imaginación humana es muy poderosa. Nuestro cerebro no puede distinguir la diferencia entre experiencias «reales» y las que solo imaginamos con detalle. En general, esto es una desventaja, porque si te pones a pensar en escenarios que te causan ansiedad, en tu fisiología las repercusiones son las mismas que si realmente pasaran. Por otro lado, también puedes usar este poder para tu beneficio, imaginando escenarios positivos y sanadores.

¿Y si pudieras retroceder en el tiempo hasta el día en que fuiste abandonado? ¿Y si tu yo actual pudiera lanzarse como un superhéroe y ayudar a esa versión de ti que experimentó el abandono? ¿Qué harías por esa persona?, ¿cómo lo apoyarías?, ¿qué necesidades le ayudarías a cubrir?, ¿cuál habría sido la solución ideal?

Por ejemplo, si uno de tus padres te abandonó, podrías imaginar que cuidas del niño que eras cocinándole, preparando la ropa para la escuela en las mañanas, y haciendo por ese pequeño todas las cosas que idealmente alguien más habría hecho cuando fuiste abandonado. Imagina estas cosas con tanto detalle como sea posible, asume que tienes la oportunidad de reescribir tu propia historia. Aun si no puedes cambiar los hechos del abandono tal cual, puedes darte el amor y el cuidado que necesitabas.

Después, escribe una nueva y mejorada historia en tu diario. Esta es mi versión:

> Cuando mi mamá nos dejó a mi hermana y a mí con nuestra abuela y se fue a Europa, la Marie adulta vino a vernos y habló con nosotras. «Yo sé que ahora

duele», dijo. «Pero tienen que creerme: no es personal. Su mamá no se fue porque ustedes sean unas niñas malas o porque no valgan la pena, se fue por sus propias heridas. Ustedes, chicas, son unos tesoros. Son hermosas, inteligentes y divertidas. Ustedes se merecen todo el amor y la protección del mundo, y yo estoy aquí para dárselos. Siempre estaré cerca, sin importar nada; de hecho, no pueden deshacerse de mí, ¡aunque lo intenten!».

Siempre que tu herida de abandono te haga sentir dolor, puedes regresar y visitar a tu niño interior de esta manera, y darle el amor y el consuelo que necesita.

PRÁCTICA DE SANACIÓN: ESCRIBIR UNA CARTA DE QUIEN TE ABANDONÓ

Esta es otra práctica que involucra la imaginación. Aunque la persona o las personas que te abandonaron ya no estén desde hace mucho, o nunca te hayan ofrecido una explicación o una disculpa por sus acciones, aún puedes darte a ti mismo la experiencia de recibir una disculpa o una explicación, con ayuda de la imaginación. En un mundo ideal, ¿qué te diría esa persona?, ¿qué haría para enmendar el daño? No importa que esto nunca llegue a suceder en la vida real; puedes obtener grandes beneficios con solo imaginarlo.

Dedícate una carta desde el punto de vista de la persona que te abandonó. Escribe en ella todas las cosas que te gustaría que esa persona te dijera: por qué lo hizo y cuánto lo siente, o cualquier cosa que se te ocurra.

Este es un ejemplo de una clienta mía a quien su esposo la abandonó.

Querida Judy:

Lamento mucho haberme ido y haberlos dejado a ti y a los niños hace tantos años. No puedo imaginar el dolor que eso debe haberte provocado ni cuán confundida y herida debiste de sentirte. Contabas conmigo para tantas cosas, como ser un padre para los niños y un compañero para ti, e incluso para las cosas básicas de la vida como arreglar el lavabo y pagar mi parte de la hipoteca. Te dejé a ti con todo el paquete y eso no tiene disculpa.

Cuando me fui, me dije a mí mismo que tú eras tan fuerte y capaz que estarías bien sin mí. Ahora me avergüenza pensar que me engañaba, creyendo que mis acciones eran correctas. Tú te merecías mucho más de lo que yo te di y me siento muy muy apenado.

Sinceramente,
Ron

Al escribirte a ti mismo esta carta, puedes obtener una experiencia real de sanación y validación, incluso si la persona que te abandonó nunca se disculpa o te ofrece explicación alguna. Con tu imaginación es posible recuperar algo de tu poder y cortar los lazos energéticos que te atan a la situación.

PRÁCTICA DE SANACIÓN: IMAGINAR TU RELACIÓN IDEAL

A muchas personas con heridas de abandono, yo incluida, nos cuesta trabajo tener relaciones cercanas. Ya sea que forcemos demasiado a las personas a estar cerca de nosotros y nos aferremos a ellas, temiendo que se alejen de nuestra vista; o que mantengamos nuestra distancia, cuidando que no se acerquen lo suficiente para lastimarnos. Cualquiera de estas dos estrategias puede dar como resultado estar soltero cuando no se quiere estarlo o atrapado en relaciones nada satisfactorias una y otra vez.

Solemos tener la clase de relaciones que creemos merecer porque ya que somos una parte de la relación, recreamos los patrones que conocemos; y también porque atraemos inconscientemente a parejas que coincidan con nuestras expectativas. Con esto en mente, podemos generar un cambio en nuestras relaciones imaginando lo que queremos, en vez de dejar que sean nuestros patrones inconscientes los que guíen.

Para este ejercicio de sanación, imagina la clase de relación romántica que te gustaría tener y descríbela en tiempo presente, como si ya la tuvieras.

Te comparto un ejemplo:

> Mi pareja siempre me deja saber lo que piensa, y yo no me preocupo por tropezarme con algún problema emocional que ni siquiera sabía que existía. Tengo una profunda sensación de seguridad y de mutuo entendimiento, y estos sentimientos están justificados porque mi pareja me hace sentir en confianza y tiene una buena comunicación conmigo. Me siento tranquilo y contento a lo largo del día. Sé que soy digno de amor. Mi pareja y yo hemos encontrado el equilibrio para estar juntos, al mismo tiempo que vivimos nuestra independencia, y podemos estar

separados por tiempos cortos con tranquilidad, sabiendo que pronto volveremos a estar felizmente juntos.

Al escribir lo que quieres con exactitud, le estás diciendo al universo que estás lista para recibirlo. Y no solo eso, sino que también estás dejando en claro lo que deseas de una relación, que es diferente a lo que simplemente te haría sentir conforme. Cuando comiences una nueva relación, puedes consultar lo que escribiste y revisar qué tanto se vincula con los ideales que has establecido.

SEÑALES DE QUE TU HERIDA DE ABANDONO ESTÁ SANANDO

Conforme tu herida de abandono empiece a sanar, verás que tus relaciones se vuelven mucho más sencillas. En lugar de estar buscando señales de un abandono inminente, puedes disfrutar plenamente del momento presente. En lugar de desgastarte intentando complacer a la gente, serás tú mismo, sabiendo que estarás bien sin importar que les caigas bien a todos o no. Empezarás a moverte por el mundo con una sensación de confianza y seguridad, consciente de que tú mismo eres un poderoso aliado.

Esta nueva fortaleza, sin embargo, también te hará vulnerable con los demás. Saber que estás a salvo facilita que vean tu debilidad, lo cual es esencial para formar amistades y relaciones emocionalmente cercanas. Mis clientes me han reportado que, una vez que sus heridas de abandono comienzan a sanar, duermen mejor; tienen menos dolor corporal, y no solo disminuye la ansiedad relacionada con el abandono, sino también la ansiedad en general. Saben dentro de sí que están a salvo y, como respuesta, todo su cuerpo parece relajarse.

Puedes comprobar que tu herida de abandono está sanando al notar alguna de las siguientes cosas:

- Te es más fácil confiar en la gente.
- Se te facilita cuidar de ti mismo.
- Tu voz interior se ha vuelto más gentil y comprensiva.
- Sientes que los demás te aman y valoran, sin necesidad de que te lo reafirmen.
- Fácilmente notas el amor en las acciones de otras personas.
- Te sientes cómodo expresando tus preferencias y opiniones.
- Te sientes bien al recibir, no solo cuando das.

- Tienes una sensación de lealtad hacia los demás y no los abandonas.
- Te sientes cómodo, ya sea solo o en compañía de otras personas.

EL TESORO ESCONDIDO: CONEXIÓN

Cuando tu herida de abandono comience a sanar, se revelará el tesoro de la conexión. Te darás cuenta de que, aun en medio de tu peor aislamiento, tu capacidad de conexión estaba ahí, esperando ser reactivada. Al cuidar de ti, establecerás una relación amorosa contigo mismo que te sostendrá sin importar quién entre y salga de tu vida. Al cuidar de tu niño interior, te llenas de la energía amorosa que te quitaron cuando fuiste abandonado por primera vez. Al hacer las paces con la persona que originalmente te desamparó o te descuidó, declaras que eres más grande que el abandono; y al afirmar con alegría cuáles son tus ideales en una relación, atraes conexiones seguras y amorosas a tu vida.

PARTE 2

LA HERIDA DE TRAICIÓN

Después de que mi padre nos llevó a mi hermana y a mí a vivir con él –a mis 7 años–, tuvimos que adaptarnos a un hogar y una familia completamente nuevos, incluyendo una madrastra y hermanastros que no estaban precisamente felices de recibirnos en su vida. La mía era como las madrastras de los cuentos de hadas: cruel, fría e intensamente celosa del cariño que mi padre nos tenía. En cuanto a mis hermanastros, no perdían oportunidad de molestarnos o incluso golpearnos.

Cuando buscaba el consuelo y la protección de mi padre, él rápidamente minimizaba mi angustia diciendo que ¡por supuesto que mi madrastra me amaba! Que yo estaba siendo dramática. Que quizá si yo fuera un poco más amable con mis hermanastros, lograríamos llevarnos bien. Otras veces, intentaba confortarme prometiéndome hablar del problema con mi madrastra, o me proponía tener un paseo especial al zoológico o a la playa juntos, solo él, mi hermana y yo. Sin embargo, de último momento, invitaba a mi madrastra y hermanastros a venir con nosotros, lo que convenientemente hacía imposible que habláramos con él de lo que estaba sucediendo.

Estas traiciones eran desoladoras. Aun teniendo 7 años, podía percatarme de que mi padre deliberadamente ignoraba la profundidad de mi desesperación. Él no quería lidiar con el complicado y engorroso trabajo de integrar dos familias que él había creado; así que, en lugar de eso, dejaba que mi hermana y yo nos las arregláramos como pudiéramos en un nuevo y hostil ambiente. Yo me sentía lastimada y furiosa. ¿Cómo se atrevía a ignorar lo que estaba pasando? ¿Cómo podía culparme a mí, y lo que es peor, insinuar que yo estaba exagerando, cuando se suponía que él debía protegerme? Mi confianza en él quedó hecha pedazos. Era devastador darme cuenta de que no podía contar con él, y peor aún, de que él no dudaría en traicionarme con tal de no complicarse la vida.

Al paso del tiempo, siendo ya adulta, me atraían hombres que nunca tenían suficiente tiempo para mí, y que siempre cambiaban nuestros planes para incluir a otras personas. Por ejemplo, una vez salí con un hombre que insistía en llevar a su mejor amigo a todas nuestras citas. Cuando salíamos a cenar, el amigo también iba; cuando hacíamos una excursión, ahí estaba él. Este chico y yo nunca podíamos hablar de las cuestiones serias de nuestra relación porque su amigo siempre nos acompañaba, poniendo una barrera entre nuestra intimidad, de la misma forma que mi padre invitaba a su nueva esposa y sus hijos a ir con nosotros al zoológico o a la playa para que mi hermana y yo no tuviéramos oportunidad de decirle cómo nos sentíamos realmente.

Tal como mi padre, los hombres con los que me relacionaba tendían a culparme cuando se estresaban o se sentían abrumados. Por ejemplo, un chico con el que salí me dejaba entreteniendo a la gente que él había invitado a alguna reunión. En una ocasión, descubrí que estaba jugando en la computadora en su habitación, mientras yo había pasado la última hora buscando un tema de conversación con sus amigos. Aunque esto parezca gracioso, en realidad era una enorme traición para una persona introvertida como yo que, para empezar, no quería ningún tipo de compañía.

Fue hasta que hice un profundo autoanálisis que me di cuenta de que estos patrones se debían a mi herida de traición. Aunque mi mente había dejado de pensar en cuánto me había lastimado mi padre hacía mucho tiempo, los efectos se manifestaban en mis emociones, en mi cuerpo y en mi comportamiento.

Descubrir una traición por «pequeña» que sea puede voltear tu mundo de cabeza. Hace que te replantees todo lo que pensabas que era verdad y reevalúes las relaciones en las que antes te habrías sentido segura. Aun en su expresión más sutil, la traición te incomoda; por ejemplo, un maestro que descubre a un alumno haciendo trampa necesitará seguir interactuando con él durante el resto del año. Las traiciones más grandes, como una esposa infiel o un empleado de confianza que comete un fraude, pueden ser totalmente devastadoras y terminar con relaciones hasta entonces duraderas, incluso destruir familias enteras o vínculos sociales, y dejar un trauma permanente en la persona traicionada.

Una de mis clientas le confió a una amiga suya un problema por el que estaba pasando con su pareja. Unos días después, se encontró con un conocido en el gimnasio que le preguntó acerca del problema que le había pedido a su amiga mantener en secreto. Darse cuenta de que su amiga había hablado de su situación con una tercera persona fue profundamente desconcertante para ella. Se preguntó qué otra información privada habría divulgado a quienes no debían saberla. El sentido de confianza y la comodidad/soltura/desenvoltura en su relación de amistad fueron reemplazadas por la duda y la incomodidad.

Se sentía enojada y traicionada y, al mismo tiempo, le dolía mucho la pérdida de la amistad ideal que creía tener. Su decepción por esta pérdida fue aún más desoladora que la traición inicial.

En algún momento de la vida, todos hemos experimentado algún tipo de traición. Dependiendo de su profundidad, puede que revivas esos eventos una y otra vez, al tratar de descubrir las señales que no viste o qué podías haber hecho para que la traición no ocurriera. Incluso puedes, consciente o inconscientemente, tratar de culparte de alguna manera por la traición, porque eso es un poco menos doloroso que aceptar que otro ser humano te lastimó o te decepcionó. Quizá tengas una profunda sensación de vergüenza por permitirte ser traicionado, o sentirte expuesto y con mucho dolor si la traición se hace del dominio público. Lo que es peor, puedes sentir que el mundo se vuelve atemorizante y desconocido de la noche a la mañana, ahora que todos tus puntos de referencia han sido puestos en duda. Es normal que requieras un largo tiempo para volver a sentir solidez y seguridad dentro de ti y en tus relaciones con otras personas.

ORIGEN DE LA HERIDA DE TRAICIÓN

La herida de traición suele originarse en cualquier experiencia que destruya la confianza que tienes en una persona importante para ti: familiar, amigo, maestro, líder espiritual, pareja sentimental, jefe, empleado o compañero de trabajo. La traición también se puede dar dentro de una institución. Por ejemplo, como adulto puedes sentirte profundamente traicionado cuando la empresa a la que le has sido leal por veinte años te deja sin trabajo, o cuando los miembros de una comunidad a la que perteneces te dan la espalda.

Algunos ejemplos de experiencias que pueden causarte una herida de traición son:

- Que te mientan o que te fuercen a participar en una mentira.
- Que un padre, familiar o adulto de confianza abuse de ti, ya sea de forma física, sexual o emocional.
- Que te prometan cosas que nunca cumplen.
- Ver que la promesa de amor o intimidad que alguien te hizo repetidamente se tambalea o se pierde de un momento a otro.

- Que tu legítimo reclamo por la atención de un padre o cuidador sea constantemente ignorado, en favor de algo más.
- Dar todo de ti a una persona que te insulta o una institución que se aprovecha de ti.
- Descubrir en un acto inmoral a una persona que estimas mucho, ya sea que te afecte personalmente o no.

La herida de traición altera permanentemente tu relación con la persona o la institución que te la provocó. Aunque puedas perdonarla, nunca recobrarás el estado de inocencia que existía la primera vez que confiaste, y puede que te sea mucho más difícil confiar en otras personas en el futuro. En ese sentido, la traición no solo lastima una relación, lastima *todas* tus relaciones. Por ello es tan importante poner mucha atención a esta herida.

SEÑALES DE QUE ESTÁS VIVIENDO CON UNA HERIDA DE TRAICIÓN

Si fuiste traicionado a una edad muy temprana, puede que no recuerdes los detalles del incidente. Sin embargo, tu cuerpo absorbió la profunda transgresión de la traición, y tu habilidad de confiar en las personas sufrió un impacto. Por ejemplo, el padre de una de mis clientas le gritaba y la aterrorizaba constantemente antes de abandonar a la familia cuando ella tenía 3 años. Aunque ella no podía recordar sus ataques de ira, los mantenía en su cuerpo físico mediante la tensión muscular, y en su cuerpo emocional como un estado defensivo y de desconfianza.

Si estás viviendo con una herida de traición, puedes notar esta clase de patrones:

- Evitas pedirle favores a la gente porque no confías en que los llevarán a cabo.
- Evitas confiar en las personas porque crees que pueden exponerte de alguna manera.
- Revisas el trabajo de otras personas porque no confías en que lo hagan correctamente.
- Sueles tener un plan B para estar prevenido, en caso de que te queden mal.
- Te vuelves cínico al hablar de la humanidad: «Todos los hombres son unos cerdos», «Las mujeres son unas zorras», etcétera.
- Estás lleno de dudas o sospechas, y tiendes a sacar conclusiones que te alerten de una traición:

«Lleva cinco minutos de retraso, de seguro está con alguien más».

- Eres demasiado ingenuo y crédulo, y te cuesta trabajo tener una precaución razonable con las personas o situaciones: «Pero si solo me alejé de mi bolsa por un momento...» o «Me dijo que me pagaría en cuanto le llegara su cheque...».
- Traicionas a las personas antes de que tengan la oportunidad de traicionarte a ti.
- Te enganchas en negocios crónicos, exceso de trabajo y distracciones.
- Sufres de depresión, ansiedad y soledad.

La herida de traición puede ser difícil de reconocer, en especial si tus estrategias para hacerle frente son valoradas por alguien externo. Por ejemplo, tu familia puede aplaudir tu ética profesional, sin darse cuenta de que tu concentración extrema en el trabajo es una manera de evitar tener relaciones cercanas. O tal vez la gente te respeta por tu «control emocional», sin notar que surge de una incapacidad para confiar en las personas y permitirte ser vulnerable. Puede ser necesaria una búsqueda minuciosa para reconocer todas las maneras en las que la herida de traición está activa en tu vida. Mis clientes frecuentemente se sorprenden al descubrir el grado en que les ha afectado una traición en su manera de vivir y relacionarse.

A continuación, detallo algunas de las maneras más comunes en las que he visto que se manifiesta una herida de traición.

Tener dificultades para determinar quién es digno de confianza

Ser traicionado puede desbalancear tus mecanismos de evaluación de riesgos, provocando que exageres tu riesgo de ser traicionado por cualquiera y por todos, o bien, que lo subestimes. Por ejemplo, podrías constantemente confiar en personas en las que no deberías, ignorando las señales de que van a traicionarte. En el otro extremo, podrías fallar y no confiar en quien sí es digno de ello, aislándote y rechazando el apoyo que necesitas.

Otra de mis clientas creció con un padre alcohólico que siempre le hacía promesas que no cumpliría. Por ejemplo, un año le dijo una y otra vez lo emocionado que estaba por verla actuar en el festival navideño de su escuela; incluso, le prometió llevarla a comer papas a la francesa y tomar chocolate caliente después de su presentación. Pero cuando el gran día llegó, él estaba emborrachándose en un bar; ni siquiera recordaba lo que había prometido.

Ya de adulta, mi clienta solía involucrarse con novios que le prometían hacer cosas con ella, pero que siempre la dejaban plantada. Muchos de ellos consumían sustancias, igual que su padre. No importaba cuántas veces se repitiera ese patrón, parecía que mi clienta no podía notar que, mientras ellos no atendieran sus adicciones, *siempre* romperían sus promesas y no estarían de la manera en que ella necesitaba. Subestimaba crónicamente la propensión que tenía a ser traicionada como una forma de protegerse del dolor que esta herida le había provocado. Ella era optimista en exceso respecto a los hombres con los que se involucraba, y confiaba demasiado en sus predicciones acerca de su conducta. Si bien sus amigas eran serias y confiables, le costaba trabajo evaluar el carácter de los hombres.

Dudar demasiado de ti mismo

Si confiaste en alguien que terminó traicionándote, tu autoestima puede verse seriamente lastimada. Si ya te equivocaste una vez, ¿cómo puedes volver a confiar en tu propio juicio? Quizá te culpes por confiar en la persona que te traicionó, o te castigues por haber sido muy ingenuo o inocente, o por no haber sabido identificar las señales. Puedes caer en una profunda depresión, en la que te parezca que el mundo es un lugar hostil, y las relaciones con otros seres humanos se sientan difíciles y peligrosas; tal vez tengas una profunda sensación de duelo, de pérdida e incluso de miedo.

A una de mis clientas la había engañado su socio de negocios cuando tenía treinta y tantos años. Los dos habían sido amigos desde la universidad, y habían fundado una exitosa agencia de bienes raíces. Pero a los dos años de haberse asociado, mi clienta descubrió que él había estado desviando dinero a una cuenta secreta. Este descubrimiento destrozó su mundo. No solo se trataba de resolver complicadas cuestiones financieras, lo cual ya era suficientemente estresante, sino además de lo falsa que ahora le resultaba la alegría que tenía al trabajar en equipo con su socio. De pronto, ella se encontraba reevaluando cada pequeña interacción que había tenido con él desde que fundaron el negocio. Era como si toda la felicidad que había vivido durante los últimos dos años fuera succionada y reemplazada por repulsión, ira y confusión.

Aunque seguía siendo la misma persona inteligente y automotivada que era antes de la traición, el incidente la dejó sumida en un estado de duda paralizante, que se extendía a todas las áreas de su vida. No solo se sentía insegura de en quién podía confiar para seguir adelante, sino que, de pronto, cuestionaba su habilidad de dirigir un negocio, tener una carrera, o incluso decidir qué cenar esa noche. Ya nada se sentía bien, todo estaba saturado de incertidumbre y potencial para el caos. Y su vida comenzó a colapsar alrededor de este estado de duda paralizante.

Sobrecargarte de actividades

Si te ha traicionado alguien que se suponía que debía cuidar de ti, puedes llegar a la conclusión de que la única persona con la que cuentas eres tú misma. Y no solo eso, sino que tal vez dudes de la habilidad de otras personas para cuidar de su propia vida y creas que, literalmente, tú eres la única persona confiable alrededor.

Esto se puede manifestar con una sobrecarga de actividades: adoptar los problemas, las emociones y las responsabilidades de las personas cercanas a ti. Aunque tú seas muy enfocado, puedes buscar inconscientemente parejas que son desorganizadas, irresponsables, o despistadas, y asumir la tarea de lograr que su vida funcione.

Cuando era un niño pequeño, uno de mis clientes fue abusado sexualmente por su padrastro. Aunque le contó a su madre del abuso, ella decidió quedarse con el abusador. En otras palabras, eligió preservar esa relación por encima de la que tenía con su hijo. Esta traición fue devastadora para mi cliente. Él aprendió que nadie tenía el valor ni la capacidad de protegerlo, así que debía hacerlo por sí mismo. Empezó a trabajar tan pronto como tuvo la edad legal para hacerlo, alrededor de los 14 años, y se fue de su casa antes de terminar la preparatoria. Se inscribió en una escuela de Medicina, trabajó casi las 24 horas del día y se convirtió en un exitoso médico.

Además de trabajar y pagar sus préstamos estudiantiles, pasaba largas jornadas ayudando a sus amigos de la preparatoria que eran considerablemente menos exitosos que él, ya fuera acompañando a alguno a recorrer la zona para que encontrara departamento o asesorando a otro que se encontraba en un periodo de rehabilitación. Frecuentemente se ocupaba de sus amigos, les cocinaba, hacía la limpieza por ellos y les ayudaba a buscar trabajo, sin hacer nunca una pausa para considerar si sus amigos eran capaces de hacer estas cosas por sí solos. Su experiencia de traición lo había hecho creer que él podía manejar no solo su propia vida, sino también las de sus amigos. En el trabajo también cayó en patrones similares, asumiendo tareas que les correspondían a los enfermeros, asistentes, e incluso recepcionistas.

Durante nuestro trabajo juntos, pasamos mucho tiempo explorando los sentimientos de ansiedad que experimentaba cuando contemplaba la idea de permitir que las demás personas llevaran a cabo sus propias tareas.

Se dio cuenta de que no solo estaba protegiéndose a sí mismo de la decepción que sentiría si fracasaban, sino de que al mismo tiempo intentaba proteger a los demás de la humillación de fallar. Creía que aunque a su madre le costaba trabajo expresarlo, le avergonzaba haber sido incapaz de protegerlo; y a nivel inconsciente, él asumía que protegerla de esos sentimientos de vergüenza era su responsabilidad.

RIESGOS DE LA HERIDA DE TRAICIÓN

Si no se atiende, una herida de traición puede despojarte de las oportunidades de mantener relaciones estrechas con la gente. Al confiar en las personas incorrectas o evitar confiar en absoluto, te pierdes de la maravillosa sensación de seguridad que te da ser parte de una red de amistades resilientes. Deambulas por ahí en un estado de confusión, preguntándote por qué la gente sigue lastimándote; o te vuelves miserable y cínico, alguien que siempre espera lo peor de todos.

En casos extremos, la herida de traición hace que tú traiciones a otros de manera habitual. Puede que termines mintiendo, engañando, esparciendo chismes o haciendo promesas que no cumplirás porque esto es lo que has normalizado. Tal vez creas que hacer este tipo de cosas es lo que se necesita para salir adelante en el mundo y, en el proceso, causes un daño inimaginable en tus relaciones. Afortunadamente, la herida de traición puede sanar. En el siguiente capítulo, te voy a compartir mis herramientas favoritas para hacerlo.

PRÁCTICAS DE SANACIÓN

Sanar la herida de traición implica sentir completamente las emociones que evoca la experiencia que te lastimó, sin importar cuánto tiempo haya pasado desde que se originó. Sentir las emociones asociadas con la traición puede ser difícil. No solo son muy incómodas, sino que, para muchos de nosotros, pueden ser un tabú. Si la persona que te traicionó fue un familiar, líder espiritual u otra persona con la que tuviste un vínculo de amor y respeto, quizá te resulte imposible permitirte sentir tu ira, disgusto y decepción en toda su expresión. Incluso si la traición fue perpetuada por un extraño, puede ser tan incómodo sentir estas emociones que elegimos enterrarlas o pasarlas por alto.

Para mí, el proceso de sanar comenzó por nombrar mis emociones. No estaba segura de lo que sentía respecto al comportamiento de mi padre, así que me pregunté: «¿Estoy furiosa?», «¿Quiero vengarme?», «¿Me siento humillada?», «¿Me avergüenza que me haya pasado esto a mí?». Al plantearme estas preguntas con curiosidad, poco a poco me adentré en las emociones que había reprimido. Descubrí que estaba enojada con mi padre y que me sentía humillada por cómo había ignorado mis preocupaciones cuando era pequeña.

Si te cuesta trabajo identificar tus emociones, quizá te sea útil ver la siguiente lista e identificar lo que resuena contigo:

- Ansiedad
- Arrepentimiento
- Confusión
- Desconcierto
- Disgusto
- Dolor
- Enojo
- Humillación
- Resentimiento

- Temor
- Tristeza
- Vergüenza

Conforme leas esta lista de emociones, pon mucha atención a la respuesta de tu cuerpo. ¿Sientes náuseas? ¿Aprietas la quijada? ¿Te sudan las manos? ¿Se te llenan los ojos de lágrimas? Estas son señales de que la emoción en cuestión, efectivamente, se oculta de tu conciencia.

Pon atención a estas sensaciones físicas. Permite que se intensifiquen, dentro de los límites tolerables para ti. Date el tiempo suficiente para experimentar las maneras en que se manifiesten. Por ejemplo, tal vez necesites llorar, sacudirte, maldecir, o simplemente mirar a la nada por un rato. No es necesario «arreglar» estas emociones o cambiarlas de ninguna forma; solo siéntelas tanto como te sea posible.

Una vez que hayas experimentado por completo las emociones asociadas con la traición, el siguiente paso para sanar esta herida es poner el enojo y los reproches en el lugar apropiado. Muchos de mis clientes con heridas de traición han interiorizado su ira, culpándose y maldiciéndose a sí mismos por ser «estúpidos» o «ingenuos». Incluso cuando una traición es extremadamente evidente, como un acto de violencia, tendemos a buscar motivos para asumir nuestra culpa.

Por ejemplo, una clienta mía fue violada por un amigo de su hermano. Aunque ella sentía mucho enojo por este horrible evento, lo dirigía principalmente a sí misma. Se decía que no debió haber ido a la fiesta de Año Nuevo, que no debió tomar champaña, y otras cosas similares. De verdad le era muy difícil sentirse furiosa con el hombre que la violó, porque eso significaría enfrentar la dolorosa verdad de que otro ser humano la había lastimado con absoluta conciencia e intención. Nuestro trabajo juntas consistió en construir un contenedor en el que ella se sintiera lo suficientemente segura para permitir que su ira contra el perpetrador finalmente surgiera.

Algunas personas sobrellevan la traición negando lo ocurrido. Esto es especialmente común entre los niños que esconden de sí mismos la verdad del abuso para preservar su relación con un cuidador, pero también puede suceder en relaciones románticas o con instituciones poderosas como escuelas y lugares de trabajo. Cuando tu supervivencia depende de una persona o institución en específico, te ves en la necesidad de ignorar la transgresión, y esta aparente complicidad puede hacer que la herida de traición sea aún más difícil de arreglar.

Otra manera en que veo que mis clientes lidian con sus heridas de traición es minimizando y restando importancia a la gravedad de un evento. Pueden decir: «Todo está bien, yo estoy bien» o «No fue para tanto». Tratamos de hacer más pequeña la herida desestimándola, bromeando con ella o poniéndonos una dura coraza. Por ejemplo, un adulto al que descuidaron de niño podría contar historias «chistosas» acerca de casi no tener para comer o usar ropa sucia durante días, protegiéndose así del dolor real de haber sido traicionado por sus cuidadores. Una persona que fue traicionada por un colega podría decir: «Es la ley de la supervivencia», como si fuera normal robarse el trabajo de otra persona, sabotearle un ascenso, o hacer cualquier otra cosa sin escrúpulos.

No hay nada de malo en utilizar el humor para atenuar las emociones complicadas, o en hacer tu mejor esfuerzo para no tomarte personal una traición; sin embargo, es importante asegurarte de que, al hacerlo, no estés pasando por alto el importante trabajo que hay que realizar para sanar la herida. Si de pronto te sorprendes minimizando un evento que evidentemente podría dañar a alguien, pregúntate: «¿He pasado por esto?», «Si esto le sucediera a un amigo mío, ¿le restaría importancia de la misma manera?».

PRÁCTICA DE SANACIÓN: ESCRIBIRLE UNA CARTA A QUIEN TE TRAICIONÓ

Si has estado negando, minimizando o tomando una responsabilidad errónea por la traición de otra persona, intenta escribirle una carta en la que hagas un inventario de todas las maneras en las que la traición te afectó. No tienes que enviársela, el objetivo es que seas consciente del alcance completo de la traición, y ayudarte a aceptar que sería normal y razonable que te sintieras lastimado por eso.

Podrías escribir, por ejemplo:

> Querida Sheila, desde que plagiaste mi trabajo, cada día me ha resultado más difícil confiar en otras personas. Me siento desmotivada para continuar con mi investigación porque me aterra la simple idea de que me la roben. Me siento cínica y deprimida al pensar en todo el ámbito académico al que le he dedicado mi vida y que solía ser una fuente de alegría y motivación para mí.

Mientras escribes todas las maneras en que la traición ha afectado tu vida, date permiso de sentir las emociones que surjan. No te sorprendas si este minucioso recuento de los efectos que provocó hace que sientas dolor, enojo o impotencia, especialmente si nunca te has permitido experimentar estas emociones. Solo al sentir el dolor de esta herida puedes comenzar a sanarla.

PRÁCTICA DE SANACIÓN: ESCRIBIRTE A TI MISMO UNA CARTA DE PERDÓN

Además de sentir plenamente tu enojo hacia la persona que te traicionó, sanar la herida de traición también implica que reconozcas cualquier enojo residual hacia ti mismo. Esta variante de la práctica de la carta a quien te traicionó consiste en escribirte una a ti mismo, liberándote de cualquier culpa o vergüenza que aún retengas en relación con el evento de la traición.

Por ejemplo, podrías escribir:

> Querido (tu nombre), siento tanto haberte culpado por el abuso que sufriste. Ahora puedo ver que nada de eso fue tu culpa, y solo hacías lo mejor que podías para sobrevivir. Ahora sé que todo lo que hiciste fue con la intención de protegerme, y porque deseabas ver lo mejor de las otras personas. Te libero de toda culpa, vergüenza y autorreproche que tenga que ver con este evento.

Al escribir, deja que salga cualquier sentimiento de sufrimiento o tristeza, y permítete experimentarlo. También es posible que tengas una sensación de alivio al liberarte, por fin, de una carga que, para empezar, nunca fue tuya.

Si reconoces una sensación de seguridad al culparte por la traición, esta práctica de perdonarte a ti mismo puede traer consigo sentimientos de vulnerabilidad extrema. Ve despacio y practica el autocuidado: detente cuando te sientas abrumado y realiza una actividad que te ancle a la tierra, como estirar tu cuerpo, caminar o hablar con un amigo de confianza.

PRÁCTICA DE SANACIÓN: HACER UN INVENTARIO

Si tu herida de traición te ha hecho dudar de tu habilidad para evaluar a las personas y situaciones, puede ser de mucha ayuda observar a la persona que eras cuando ocurrió el evento y compararla con quien eres ahora. Muchas personas que han experimentado una traición desarrollan temor a cometer el mismo error. Realizar esta práctica puede ayudarte a identificar de qué maneras te has vuelto menos propenso a caer en las circunstancias que te lastimaron en el pasado.

Por ejemplo, mi clienta que fue engañada por su socio de negocios redactó la siguiente lista, describiéndose en el pasado y en la actualidad:

La persona que era entonces	La persona que soy ahora
Soñadora.	Tengo varios años de experiencia en el negocio.
Confiada.	No me da miedo pedir pruebas o verificar lo que me dicen.
Inexperta en el manejo de negocios.	Estoy bien preparada en asuntos legales y financieros.
Deseosa de complacer; temerosa de los conflictos; no quería crear problemas.	Tengo experiencia en manejo de conflictos.
Sin experiencia en poner límites.	Puedo reconocer las señales de alerta en otras personas.

Después de que mi clienta escribió estas dos listas, se dio cuenta de que había crecido y cambiado desde su experiencia de traición. A sus 37 años, de ninguna manera terminaría viviendo la misma situación por la que pasó a los 31. Entre otras cosas, era más grande y sabia, y tenía más experiencia de la vida. Pero, además, experimentar la traición la había forzado a crecer en aspectos fundamentales, tanto en el sentido práctico de manejar un negocio como en el emocional al establecer límites, enfrentar conflictos directamente y tener las antenas más alertas para detectar cuando otras personas están actuando de manera turbia. Escribir estas listas le brindó un sentimiento de confianza que hasta ese momento no conocía. Así empezó a dejar de dudar de sí misma y consiguió tener una carrera exitosa.

PRÁCTICA DE SANACIÓN: HONRAR TUS NECESIDADES MÁS PROFUNDAS

Con frecuencia nos permitimos ser traicionados cuando tenemos mucha necesidad de algo. Por ejemplo, un niño al que molestan en la escuela puede llegar a hacerse amigo de quienes lo atormentan, debido a que tiene una fuerte necesidad de ser aceptado por otros chicos. Una mujer puede, convenientemente, no darse cuenta de que su esposo la engaña, impulsada por su necesidad de darles a sus hijos el hogar «inalterado» que ella nunca tuvo. Un estudiante de meditación, cuyo maestro o gurú lo traiciona, puede ignorar el comportamiento inadecuado porque tiene una profunda necesidad de creer que alguien en el mundo es santo y puro.

¿Cuáles son las profundas necesidades que dirigen tu voluntad y te llevaron a pasar por alto la traición que experimentaste? ¿Anhelabas una amistad o una relación romántica ideal?, ¿por amor o por pertenencia?, ¿por un sentimiento de seguridad o por mera supervivencia? ¿Tienes una profunda necesidad de ser visto como alguien bueno, leal, compasivo o confiable? Conforme reflexiones sobre estas preguntas, escribe en tu diario las respuestas. He aquí un ejemplo:

> Cuando mi novio me engañó, yo tenía una gran necesidad de estar en una relación. Punto. En mi mente, era mejor tener un novio que me engañaba que no tener a nadie. Pensaba que estar en una relación, la que fuera, automáticamente elevaba mi estatus, mientras que estar soltera me hacía sentir que era una perdedora (que «me quedaría a vestir santos», como diría mi madre). Ahora puedo ver que mi necesidad de tener una relación para validar mi existencia me hizo ser voluntariamente ciega no solo a su engaño, sino también a las muchas maneras en que mi novio me traicionaba.

Estar en contacto con tus más profundas necesidades y deseos te protege de que alguien vuelva a aprovecharse de ti. Por ejemplo, mi clienta con el padre alcohólico tenía que disculpar constantemente su mal comportamiento con tal de preservar su relación. En su vida adulta, mantuvo inconscientemente este patrón de perdonar conductas inaceptables porque creía que era una parte normal y necesaria al estar en una relación. Una vez que reconoció lo que realmente sucedía, comenzó a establecer mejor sus límites cuando salía con algún hombre, y dejó de experimentar tantas traiciones en sus relaciones cercanas.

SEÑALES DE QUE TU HERIDA DE TRAICIÓN ESTÁ SANANDO

En mi vida adulta, mi propia herida de traición se manifestó como una actitud defensiva. Sentía que no podía confiar en nadie, así que rápidamente me enfurecía, incluso ante las interacciones más amigables.

Por ejemplo, siempre me ponía muy nerviosa cuando en una fiesta o un evento social la gente me preguntaba si estaba casada o si tenía hijos. Siempre sentí que tenía que inventar algo para justificar mis decisiones de vida; explicaba que estuve en la escuela de Medicina y que luego hice la residencia, trabajando tantas horas al día que no tenía tiempo para mantener una relación. En mi mente, el único motivo por el que la gente me hacía estas preguntas era para poder hablar a mis espaldas más tarde: «Marie tiene casi 35 años y aún no está casada, ¿puedes creerlo?».

Conforme empecé a sanar mi herida de traición, observé esta ira y este estado defensivo desde una nueva perspectiva. Me di cuenta de que asumía automáticamente que, cuando la gente me hacía estas preguntas, estaban tratando de avergonzarme por mi situación sentimental. Tomaba la pregunta como un ataque, y respondía con una intensidad acorde con él. Pero al ir sanando mi herida, pensé: «Espera un momento. Quizá no están haciéndome esta pregunta para avergonzarme, tal vez quieren saber si ya estoy casada porque, si no lo estoy, me presentarán a un lindo primo. Puede que quieran saber si tengo hijos porque les gustaría que yo fuera la tía de los suyos».

Se me ocurrió que había toda clase de razones por las que la gente podría estar haciéndome estas preguntas, pero como yo había estado viviendo con mi herida de traición, solo podía asumir los peores motivos. Quizá la otra persona iba a decirme: «¿No estás casada? ¡Qué bueno! Yo estoy casada y mi esposo nunca baja la tapa del baño». La herida se había convertido en un filtro a través del cual yo veía la realidad y, conforme sanaba, ese filtro empezó a expandirse, de manera que más interpretaciones positivas surgían de él.

Puedes comprobar que tu herida de traición está sanando al notar alguna de las siguientes señales:

- Una renovada voluntad de confiar en otras personas.
- Un deseo de confrontar a los demás por sus malos comportamientos.
- Una disminución de tu excesiva vigilancia.
- Sentimientos de calma y enfoque.
- La habilidad de sentir y expresar apropiadamente tu enojo.
- El fin de conductas «repetitivas», como involucrarte en el mismo tipo de relación una y otra vez.
- Una sensación de tranquilidad y salud en tu cuerpo.
- Una sensación de claridad mental; el fin de tus elucubraciones y cuestionamientos; y una mayor habilidad para tomar mejores decisiones.
- Una mayor sensación de autoconfianza.

TESORO ESCONDIDO: SABIDURÍA

A medida que la sombra de la traición empieza a retirarse, el tesoro de la sabiduría es revelado como una estela. Cuando procesamos y liberamos exitosamente una herida de traición, emergemos más sabios en toda la extensión de la palabra. Somos mucho más exigentes en nuestras relaciones, tenemos más habilidad para navegar en las instituciones, y estamos más sintonizados con nuestra intuición. Sabemos cuándo darles a la gente y a las instituciones una segunda oportunidad y cuándo cortar los lazos. Confiamos en nosotros mismos para tomar buenas decisiones, sabiendo que venimos de un lugar de claridad, experiencia y conocimiento. La sabiduría nos permite decir: «No» cuando nos encontramos con alguien que probablemente nos va a lastimar, y decir: «Sí» cuando nos encontramos con una persona que es digna de nuestra confianza. Nos ayuda a construir muros apropiados para mantenernos a salvo de quienes podrían aprovecharse de nosotros, y también derribar los que nos impiden disfrutar de conexiones profundas y amorosas con personas que son seguras y bondadosas.

Con la sabiduría como guía, somos capaces de elegir apropiadamente a quién dejamos entrar en nuestra vida y a quién mantenemos fuera, y les damos la bienvenida a las relaciones seguras y confiables.

PARTE 3

LA HERIDA DE RECHAZO

Cuando tenía 14 años, mi madre se enfermó de cáncer. Aunque estuvo ausente durante la mayor parte de mi niñez, yo tenía un profundo sentimiento de lealtad hacia ella, y ansiaba su amor y su aprobación. Como parte de su tratamiento, decidió probar con la iboga, una poderosa planta medicinal que utilizan los sanadores tradicionales en Camerún. La iboga es un arbusto nativo de África Central. Cuando es preparado por un sanador experimentado, la corteza produce visiones poderosas que pueden durar horas.

Si bien mi madre estaba determinada a consumir iboga, estaba demasiado débil por el cáncer para hacerlo. Los adultos decidieron que yo debía tomarla por ella, como una especie de suplente; una decisión que cambiaría mi vida para siempre.

A esa edad, yo no estaba preparada para la intensa experiencia de la iboga. Nunca había tomado ninguna clase de sustancia psicodélica, nunca me había emborrachado y, de repente, tenía que ingerir una sustancia que me transportaría a una realidad completamente diferente. A los treinta minutos de ingerir la planta, estaba sosteniendo conversaciones completas con mi hermano, que falleció antes de que yo naciera, e interactuando con varios ancestros y espíritus que no había visto sobria.

Tomar iboga abrió mis ojos a la existencia de otros planos. También me enseñó que hay muchas maneras de recibir información. Cuando la consumía, podía ver exactamente cuáles eran las plantas silvestres que debía recolectar para ayudar a mi mamá con su cáncer, y no solo eso, sino que sabía exactamente dónde crecían. Cuando el viaje de iboga terminaba, acudía a los lugares que había visto en mi visión y, efectivamente, esas plantas estaban justo donde se suponía que debía encontrarlas, así que las recolectaba y preparaba tal como había visualizado, de modo que ayudaban a mi madre a sanar de su cáncer.

Cuando regresé a la preparatoria, después de probar iboga por primera vez, me di cuenta de que había cambiado. Me había vuelto muy sensible. Podía discernir el verdadero significado detrás de las palabras de las personas de tal manera que no podría haberlo hecho antes. Podía saber lo que la gente pensaba y sentía en realidad, a pesar de las máscaras que usaban en el exterior. Fue como si de repente yo tuviera acceso a ríos de información que antes habían sido invisibles para mí. Todos mis amigos parecían estar viviendo en un pequeño y limitado mundo, mientras que yo acababa de experimentar uno mucho más extenso. ¿Cómo podría encogerme de nuevo para volver a encajar en el viejo mundo?

A esa edad, no encontré manera de contarles a mis amigos por lo que estaba pasando. No podía sentarme en la mesa a la hora del receso y decirles: «¡Oigan, chicos, acabo de viajar a un mundo mágico donde los espíritus me dijeron que fuera detrás de las vías del tren y recogiera unas plantas silvestres!». En lugar de eso, me lo guardaba y fingía que no estaba pasando. Hacía mi mejor esfuerzo por ignorar mi recién descubierta sensibilidad, y canalizaba mi energía en actuar normal frente a mis compañeros. Fingía no saber lo que la gente pensaba y sentía, y no tener otras percepciones en la mente todo el tiempo. Lo más relevante es que me refugié en los libros. Adopté la personalidad de una estudiante seria para evitar las interacciones sociales que se habían tornado tan dolorosas y confusas para mí. Rechazaba mi verdadera esencia, y me inventaba una versión de mí que fuera más aceptable para quienes estaban a mi alrededor.

Aun así, algunos aspectos de mi verdadero ser se filtraban en ocasiones y, cuando pasaba, era devastador. «Ahí va Marie, haciéndose la misteriosa otra vez», decía la gente. En aquel tiempo, Camerún se estaba modernizando rápidamente. Aunque los adultos me habían pedido viajar con iboga, al mismo tiempo esperaban que yo siguiera adelante como una chica moderna, algo totalmente contradictorio.

Décadas después, estaba trabajando como anestesióloga en California, cuando tuve una especie de despertar o, más bien, un redespertar. Empecé a ver los pensamientos y las emociones de las personas, e incluso captar vistazos de sus historias familiares, tal como me había sucedido cuando era adolescente. Cuando un paciente llegaba a mi consultorio, mi cerebro comenzaba a descargar toda esta información acerca de él, lo quisiera o no. Era abrumador, y no estaba segura de qué hacer con eso.

Aunque trabajaba en un hospital en el que todo se trataba permanentemente de ciencia, me descubrí creando un lugar sagrado en mi sala de anestesia: meditaba en mi máquina, y guardaba cristales y aceites esenciales en mi escritorio. Estaba muy sintonizada con la energía de los pacientes, y con frecuencia sabía datos de ellos que no habría podido saber de manera racional, por ejemplo, los nombres y profesiones de sus abuelos. Los cirujanos del hospital comenzaron a pedirme con mayor frecuencia que fuera la anestesióloga que los asistiera, porque era muy buena para tranquilizar a los pacientes. Yo sabía que mi «ingrediente secreto» era el trabajo energético, pero nadie en el hospital quería enterarse de eso.

No quería que mis colegas me vieran como una chiflada, seguidora de la corriente *new age*. Después de todo, yo había asistido a la escuela de Medicina como ellos, y creía en la ciencia igual que siempre. Pero, tal como me sucedió cuando tenía 14 años, descubrí que invertía cada vez más energía en rechazar y suprimir mis dones, y en fingir ser algo que no era. Aunque tenía la sensación de que estaba destinada a ser una sanadora energética (incluso más que a ser una doctora tradicional), luchaba con el cómo y cuándo dejar salir este aspecto de mi identidad. Mientras tanto, experimentaba profundos sentimientos de depresión, aislamiento y desesperanza.

Reconocí que estaba viviendo con una herida de rechazo. A los 14 años, había escondido mis dones para ganarme la aceptación de mi familia y compañeros, incluso cuando también podían beneficiarse si los mostraba. Años después, me estaba pasando exactamente lo mismo. Sin embargo, ya de adulta, tenía la oportunidad de ya no vivir rechazándome y caminar por el mundo siendo mi verdadera yo. Así que decidí dejar de practicar la anestesiología para convertirme en una chamana y sanadora de la energía de tiempo completo, antes de dedicar muchos más años de mi vida al servicio de una identidad que no era realmente yo.

ORIGEN DE LA HERIDA DE RECHAZO

La herida de rechazo drena tu energía, debilita tu *chi*, te hace sentir que estás viviendo una mentira y, aunque puede manifestarse en cualquier momento de la vida, generalmente se origina en la infancia.

A algunos niños se les anima a expresar, fuerte y claro, su verdadera personalidad, sus opiniones y preferencias, sus pasiones y deseos. Pero muchos de nosotros no corremos con esa suerte. En lugar de eso, se nos enseña desde temprana edad que nuestro verdadero yo es inaceptable, y que solo debemos expresar aquellos aspectos que aprueban nuestros padres. Tal vez esta estrategia funcione durante un tiempo, pero al pasar los años puede conducir a vivir con depresión, agotamiento y una constante sensación de que algo está mal.

Estas son algunas maneras comunes en que la herida de rechazo puede surgir:

- Ser forzado a ocultar un aspecto clave de tu identidad.
- Presenciar cuando una persona es humillada por una característica que tú también tienes.
- Tener padres que te exigen un nivel muy alto de sumisión y conformismo.
- Tener padres que sesgan aspectos clave de su identidad.
- Ser castigado por ser diferente.
- Ser castigado por expresar tus verdaderas emociones y opiniones.
- Ser educado por padres que valoran los logros académicos o económicos por encima de la realización personal.

Aunque todos nos ocultamos de vez en cuando, quienes tenemos heridas de rechazo nos volvemos prisioneros de nuestras máscaras, incapaces de mostrar nuestro verdadero rostro en cualquier momento o contexto, ni con nuestros amigos más cercanos y, algunas veces, ni siquiera cuando estamos solos. En ese sentido, la herida de rechazo te roba la oportunidad de que te conozcan de verdad.

SEÑALES DE QUE ESTÁS VIVIENDO CON UNA HERIDA DE RECHAZO

La herida de rechazo puede manifestarse tanto al suprimir tu verdadera identidad, vocación o camino como también en forma de rutina, rechazando tus sentimientos, opiniones y preferencias cada día. Una de mis clientas había estado en una relación infeliz por casi diez años. Se había separado recientemente de su esposo y le había pedido el divorcio, pero aún administraban un negocio juntos y pasaba casi todo su tiempo con él. Aunque dio los pasos para divorciarse, rechazaba la idea de que su matrimonio terminara. Estaba tan acostumbrada a suprimir sus sentimientos que le era difícil hacer los cambios que sabía que deseaba.

Si te cuesta trabajo saber lo que realmente quieres o expresar quien realmente eres, es probable que estés viviendo con una herida de rechazo. Estas son algunas otras señales reveladoras:

- Sientes que nadie te conoce de verdad.
- Piensas que tienes que usar una máscara para complacer a los demás.
- Tienes la sensación de que tu vida es falsa.

- Con frecuencia, sueñas despierto con una vida radicalmente diferente a la que estás viviendo.
- Te sientes agotado por la exigencia de aparentar ser quien no eres.
- Cuentas con pocos amigos cercanos o ninguno.
- Tienes una sensación de resentimiento hacia la gente que expresa la identidad que tú no puedes permitirte.
- Temes que te descubran.
- No te permites compartir lo que verdaderamente opinas y prefieres.
- Ocultas repetidamente aspectos de ti mismo, por ejemplo, escondiendo tus libros donde nadie pueda verlos o manteniendo tus pasatiempos en secreto.
- Te sientes celoso de personas que parecen ser más libres de lo que tú podrías llegar a ser.
- Te sientes agobiado por el paso del tiempo y has empezado a acumular remordimientos.

Si bien la herida de rechazo es más silenciosa que las otras heridas, sus efectos pueden ser devastadores. Como una lenta gotera, puede mantenerte en un constante estado de agotamiento, sin vivir a tu máximo potencial o disfrutar de los muchos placeres que la vida tiene para ofrecer. Aun cuando te digas a ti mismo que estás contento viviendo con ello, la herida de rechazo es tan urgente como las heridas más ruidosas y llamativas, y requiere la misma atención.

A continuación, detallo algunas de las actitudes más comunes en que se manifiesta la herida de rechazo.

Aferrarte al remordimiento

Cuando entierras los deseos de tu corazón, el remordimiento es inevitable, especialmente conforme creces y te percatas de que esta vida es tu única oportunidad de disfrutar tu sueño. Y no solo eso, sino que nadie más vendrá a cumplir ese sueño por ti, eres tú quien tiene que correr los riesgos. Esta sensación de arrepentimiento puede ser silenciosa al principio, pero conforme pasan los años y ves a otras personas perseguir sus sueños, mientras tú te quedas atrapado en una falsa identidad, viviendo la vida que tus padres, pareja o líderes religiosos han definido para ti, puedes descubrir que este sentimiento se hace cada vez más insistente y doloroso.

Una de mis clientas siguió los pasos de sus padres al asistir a la facultad de Derecho. Tenía buenas ganancias como abogada, pero la perseguía la sensación de que estaba viviendo una mentira. Tan pronto como salía de su casa en la mañana, parecía que tenía que ponerse una máscara y convertirse en la profesional competente que todos querían y necesitaban que fuera. No solo eso, sino que además tenía que mostrarse amable con sus clientes, adinerados directores de empresas, cuyas políticas frecuentemente chocaban con las de ella. Todo su trabajo consistía en ayudar a que hombres ricos y poderosos lo fueran aún más y, encima, parecer feliz al respecto.

Llevaba diez años ejerciendo esa carrera y ya sentía que su vida se le estaba escapando. Se preguntaba cómo habría vivido de haber seguido su pasión, que era escribir, en lugar de haber estudiado Derecho. Había desarrollado insomnio crónico y tenía una sensación física de terror a salir por la puerta de su casa en las mañanas. Algunas veces se encerraba a llorar en el baño, como si todo su cuerpo se rebelara contra el trabajo que debía hacer. Aun así, en la fotografía publicada en la página web de su firma, se veía serena y confiada: la perfecta abogada.

Los padres de mi clienta se divorciaron cuando ella tenía 6 años, y su madre pronto se volvió a casar con un hombre que era desabrido, aburrido y, algunas veces, malhumorado. A mi clienta no le gustaba en absoluto su nuevo padrastro, pero cuando su madre le dijo que sonriera para las fotografías de la boda, hizo lo que se le ordenó. A esa edad, ya había aprendido que la imagen familiar lo era todo. Sus propias emociones tomaron un lejano segundo lugar, comparadas con la importancia de proyectar al mundo unión y felicidad.

Ahora, la habilidad para rechazar sus emociones la había llevado a ser de verdad infeliz. Al tiempo que fingía una sonrisa por las cosas y la gente que ella detestaba, perdía la esperanza de alguna vez llevar una vida digna para sonreír. «Puedo hacer feliz a todo el mundo, excepto a mí misma», me dijo. «Es mi superpoder. Pero ¿qué sentiré al final de mi vida, si no he hecho una sola cosa de las que yo quería hacer?».

Sentirse extremadamente ansioso

La herida de rechazo protege su propia existencia inundando la mente de ansiedad. «No puedo salir del clóset, ¿qué va a pensar mi exnovia?», «Si dejo este trabajo muy bien pagado, ¿cómo sobreviviré?». En vez de fijarte en cuánto te está costando vivir en rechazo, te preocupas de lo que pasaría si alguna vez te mostraras como eres en realidad. La ansiedad que te producen estos pensamientos hace que parezca muy atractivo continuar viviendo desde un lugar de rechazo, incluso si, como resultado de eso, presentas hartazgo y agotamiento.

Uno de mis clientes tenía una herida de rechazo por ser gay y no salir del clóset. Cuando era un niño pequeño, escuchó a sus abuelos murmurar acerca de «esos asquerosos homosexuales», y aquel incidente lo llenó de miedo y vergüenza. A esa edad ya sabía que no le interesaban las niñas, pero después de escuchar la conversación de sus abuelos, se esforzaba por perseguir a las niñas por el patio de recreo e imitar los precoces intentos de conquista que observaba en otros niños.

Para cuando cursaba la preparatoria, el rechazo de su sexualidad era completo. Tenía una relación seria con una chica e incluso, en un esfuerzo por distanciarse de ellos, hacía comentarios desagradables respecto a los homosexuales de su escuela. Solo se involucraba en actividades «masculinas», como futbol y videojuegos, y se aseguraba de que su lenguaje corporal transmitiera masculinidad todo el tiempo. Al mismo tiempo, desarrolló depresión crónica y ansiedad. Aunque no podía expresarlo ni consigo mismo, vivía con el miedo de que su lado gay quedara expuesto. El esfuerzo de vigilancia constante lo dejaba sintiéndose drenado y exhausto.

Cuando este cliente acudió a mí, sus abuelos acababan de fallecer. Con su partida, él se preguntaba si finalmente estaba a salvo para expresar su verdadera sexualidad. En la adultez, pudo reconocer que la homosexualidad era cada vez más aceptada y que, aunque las experiencias ocasionales de desaprobación o rudeza le desagradaban, ya no eran tan devastadoras como en su infancia. Pero, a la par, su mente seguía haciéndole sentir ansiedad con solo planteárselo: «¿Qué pensaría mi hermano?, ¿y mis viejos amigos?, ¿y los chicos gay a los que molesté en la preparatoria?».

En lugar de enfocarse en los potenciales beneficios de salir del clóset, estaba encerrado y solo veía los posibles costos. Su herida de rechazo estaba luchando desesperadamente por su propia existencia, convenciéndolo de que nunca sería seguro mostrarse genuinamente al mundo.

Sentir resentimiento

Cuando vives con una herida de rechazo, puedes sentir un intenso resentimiento al encontrarte con una persona que está viviendo lo que tú sueñas en silencio. En lugar de aceptar y vivir el duelo de lo que sea que hayas perdido, puedes proyectar tu enojo en otras personas al culparlas y juzgarlas por sus elecciones.

Si sientes un intenso resentimiento o irritación respecto a cierto tipo de persona, lo más probable es que esa persona se haya dado el permiso de hacer o ser algo que tú deseas desesperadamente hacer o ser. Gran parte de la vida consiste en permisos; primero, en aquellos que los adultos te dan o niegan cuando eres niño, y segundo, en el permiso que tú mismo te das o te niegas.

Una clienta mía no podía soportar ver a parejas felices con bebés. Había decidido renunciar a tener hijos como una forma de pronunciarse en temas de sustentabilidad y cambio climático. Pasó sus veintes siendo activista ambiental, e incluso publicó numerosos artículos hablando en contra de la sobrepoblación. Cuando llegó a los treintas, de pronto descubrió que, después de todo, sí quería ser madre, pero decidió suprimir ese deseo, en vez de reconocerlo y arriesgarse a quedar como una hipócrita. Al mismo tiempo, su forma de juzgar a las personas que sí tenían bebés se hizo más dura y explícita que nunca.

Sus amistades sufrieron las consecuencias, pues percibían acertadamente que no era una persona confiable para hablar de lo que de verdad sentían acerca de la reproducción y muchos otros temas. Al rechazar sus propios sentimientos, ella creaba una especie de campo de fuerza de rechazo en el que los demás tampoco podían mostrarse como eran.

RIESGOS DE LA HERIDA DE RECHAZO

Si no se trata, la herida de rechazo tiene una alta probabilidad de pasar a futuras generaciones. Una madre que nunca tuvo la oportunidad de expresar su verdadera personalidad, inconscientemente, desalentará a sus hijos a vivir de acuerdo con su verdad. Un padre que escondió quien realmente era puede empujar a sus propios hijos a actuar de la misma manera, incluso si su intención es hacer lo opuesto. Yo sé que mi propia herida de rechazo estaba fuertemente influenciada por mi madre, mi abuela y todas las mujeres antes de ellas que se habían ajustado a las expectativas de una sociedad patriarcal.

La herida de rechazo nos reta a ser valientes. Aunque hayas pactado una tregua con ella al aceptar vivir una versión miniatura de la vida que realmente quieres, o expresar solo una parte de tu verdadero ser, el costo de esta tregua es mayor de lo que alcanzas a percibir, y los beneficios de sanarla son aún más grandes de lo que puedes imaginar.

La buena noticia es que la herida de rechazo puede sanarse. Si realizas las prácticas que se encuentran en el siguiente capítulo, podrás resolver esta herida para ti y para las futuras generaciones.

PRÁCTICAS DE SANACIÓN

La herida de rechazo es con la que más me gusta trabajar, porque la transformación que veo en mis clientes va acompañada de mucha alegría, y suele darse con bastante rapidez. Una y otra vez he visto a mis clientes más temerosos darse permiso de ser como auténticamente son, y hacer los cambios que les permitan vivir sin remordimiento. Al trabajar con una serie de prácticas simples, puedes desarrollar el valor que se requiere para desprenderte de las viejas reglas bajo las que has vivido y establecer una relación más sana con la vida.

Cuando era niña, aprendí que para conseguir la aprobación de los adultos en mi vida me bastaba leer. Cuando los adultos me veían leyendo, decían: «Oh, Marie es tan buena estudiante. Siempre está estudiando, siempre lleva un libro adondequiera que va». Si bien era verdad que disfrutaba de la lectura, con frecuencia utilizaba la excusa del estudio para evitar convivir con la gente, especialmente después de mi experiencia con iboga. Aunque me habría gustado expresar de muchas maneras mi percepción y sensibilidad recién descubiertas, pintando o cantando, por ejemplo, sabía que solo atraería atención negativa.

Décadas después, cuando tenía problemas para decidir qué tanto de mi lado espiritual podría revelar en el trabajo, o si acaso debía revelarlo, una amiga me invitó a participar en un reto de pintura en una red social.

—No sé pintar —le dije—. Incluso si llegara a pintar algo, no me atrevería a subirlo a las redes, donde todos podrían verlo.

—Solo inténtalo —me respondió mi amiga—. Te vas a sorprender.

No quería decepcionarla, así que, a pesar de mi miedo, compré unos lienzos económicos y algo de pintura, y comencé a experimentar. Antes de darme cuenta, había hecho varias obras sorprendentes y llamativas; y cuando subía fotos de ellas a internet, inmediatamente recibía ofertas de gente que quería comprarlas. Resulta que sí tengo un talento artístico, ¡mucho, de hecho! Me pregunté, entonces, si apoyarme en mi lado artístico podría ayudarme en mi transición de médico a chamana.

Comencé a trabajar con mi herida de rechazo involucrándome intencionalmente en prácticas creativas como pintar, bailar o tocar los tambores. Me di cuenta de que nadie iba a vivir por mí, así que, si iba a hacer la transición que necesitaba, tenía que superar mis miedos y poner manos a la obra. El resultado fue que me volví mucho más feliz. El sutil resentimiento que tenía hacia la gente que se decía creativa se desvaneció, porque yo me había dado el permiso de habitar mi propia creatividad. También sentí una deliciosa expansión de las posibilidades para mi vida. Mi ansiedad respecto a «salir del clóset espiritual» comenzó a disminuir, y empecé a dar pasos concretos para establecer mi nueva vida como chamana.

Sin embargo, cuando finalmente le conté a una colega acerca de mi camino espiritual, se carcajeó.

—Ay, Marie —dijo—. Todos sabíamos sobre tu lado espiritual. ¿De verdad creíste que lo habías estado escondiendo todo este tiempo?

Como mucha gente con heridas de rechazo, la persona de la que me estaba escondiendo en realidad era de mí misma.

PRÁCTICA DE SANACIÓN: HACER UNA VALIENTE INTROSPECCIÓN

Si te aterra la idea de mostrarte como realmente eres en público, puedes comenzar haciéndolo en la privacidad de tu diario. Si estás viviendo con una profunda herida de rechazo, lo más probable es que nunca te permitas poner en palabras tus verdaderos deseos, opiniones y preferencias, ¡ni siquiera para ti mismo! Esta práctica te dará la oportunidad de hacer precisamente eso.

Toma tu cuaderno y completa las siguientes ideas con total honestidad, sin ninguna restricción. No te preocupes si tienes que darle un poco de vueltas antes de encontrar tu respuesta. Tómate el tiempo que necesites. Recuerda que puedes destruir esas páginas en cuanto termines si así lo deseas. Nadie más las verá, solo tú.

- Si me quitara mi máscara, la gente vería...
- Nunca le he dicho a nadie cómo me siento acerca de...
- Si no le temiera a lo que la gente pueda pensar, yo...
- Si no me preocupara la reacción de mi familia, yo...
- Mi vida ideal sería...

- Mi situación romántica ideal sería...
- Si supiera que no puedo fallar, yo...

Esto es lo que yo escribí cuando hice este ejercicio:

Si me quitara mi máscara, la gente vería... a una chamana que percibe los campos de energía, escucha las voces de los ancestros y puede ver las cinco heridas del corazón.

Nunca le he dicho a nadie cómo me siento acerca de... ¡mi madre! Ella hizo muchas cosas que nos lastimaron a mi hermana y a mí cuando éramos pequeñas, y me tomó mucho tiempo contactar con mi propio dolor respecto a lo que ella hizo.

Si no le temiera a lo que la gente pueda pensar, yo... caminaría por la calle con mi tambor, invitando a los extraños a unirse conmigo en una espontánea celebración por estar vivos.

Si no me preocupara la reacción de mi familia, yo... contaría la verdad de mis experiencias con iboga.

Mi vida ideal sería... ir compartiendo un mensaje de alegría y sanación con toda la humanidad.

> *Mi situación romántica ideal sería...* tener dos o tres amantes en diferentes ciudades alrededor del mundo, a quienes podría visitar a mi antojo.
>
> *Si supiera que no puedo fallar, yo...* me iría a vivir a orillas del Amazonas y abriría mi propio centro de retiros.

A medida que respondas con honestidad a estas preguntas, estarás practicando la autenticidad en un contenedor seguro, y empezarás a permitirte vivir estas verdades. Entre más tiempo pases escribiendo acerca de quién eres y lo que quieres realmente, más normal se sentirá expresar tu verdadera identidad en otros contextos; con amigos y compañeros de trabajo, por ejemplo. Con el tiempo, mirarás atrás y te preguntarás cómo es que te era tan difícil expresar estas cosas.

PRÁCTICA DE SANACIÓN: ESCRIBIR UNA CARTA DE RECHAZO

Cuando piensas en tus padres, tu iglesia, tus maestros u otras personas que contribuyeron a tu herida de rechazo, es probable que sientas algo de enojo. En lugar de dejarte llevar por la ira y el remordimiento, es más útil imaginar que la persona en cuestión te manda una carta de disculpa. Esta práctica de sanación puede brindarte una sensación de cierre, al tiempo que expandes tu compasión por la persona que te lastimó.

Una clienta mía fue humillada por su profesora de primaria cuando le dijo que su dibujo estaba «feo» y «mal hecho». Estos comentarios inhibieron su entusiasmo natural, y le hicieron pensar que era terrible para el arte, sin pensar en el hecho de que *todos* los niños son fabulosos artistas. Esta es la carta que ella imaginó que su profesora le escribía:

> Querida Solange:
>
> Lamento haber hecho esos comentarios de tu dibujo cuando eras mi alumna en segundo grado. En estos años, muchos de mis antiguos alumnos me han dicho cómo los afectaron mis desalentadoras palabras. Me doy cuenta de que, sin pensarlo, proyecté mis propios temores y ansiedades en todos ustedes, y estoy profundamente apenada por ello.
>
> La verdad es que yo siempre quise ser una artista, pero me obligaron a tomar un camino más práctico para tener mejores ingresos y mantener a mi familia. Nunca se me permitió hacer cosas «frívolas» como pintar o dibujar, solo debía portarme bien en

todo momento, ser una hija responsable y obtener un buen empleo. Siempre que veía a niños como tú soñando con ser artistas, quería aplastar esos sueños porque yo nunca tuve permiso de seguir los míos. Desearía poder volver atrás y darte la motivación que necesitabas, en lugar de reprimirte.

Espero que un día sigas tus inclinaciones artísticas con alegría, sin que te importe lo que yo o cualquier otra persona haya dicho para desanimarte cuando eras pequeña. Me daría mucho gusto saber que sigues pintando ahora que eres adulta porque sí tienes talento, y siempre lo has tenido.

Sinceramente,
Miss Smith

Cuando te tomas el tiempo para escribirte una carta desde la perspectiva de una persona que te hirió, estás usando el poder de tu imaginación para sanarte, sin necesitar que alguien más te lo diga. Al generar tu propio sentimiento de cierre también puedes reducir la probabilidad de pasarle esta herida a tus hijos o a otras personas en tu vida.

PRÁCTICA DE SANACIÓN: ESCRIBIR AFIRMACIONES POSITIVAS

¿Qué clase de mensajes le mandas a tu mente y tu alma? Si estás viviendo con una herida de rechazo, es probable que estén teñidos de temor: «No debería», «No soy lo suficientemente bueno», «No funcionará», «Pensarán que estoy loco». La herida de rechazo se alimenta del miedo: a fallar, al rechazo, a cientos de escenarios diferentes que provocan ansiedad. Cuando reemplazas este tipo de pensamientos con otros que sean positivos y amorosos, la herida de rechazo comienza a disminuir, hasta que un día despiertas y te das cuenta de que no has escuchado nada así en meses o años.

En alguna ocasión, le pedí a una de mis clientas escribir sus pensamientos más comunes acerca de sí misma. Esto es lo que escribió:

No puedo.
No debo.
Soy tan fea/torpe/floja/tonta.
De seguro me odian.
¿Por qué no entiendo?
Si tan solo pudiera esforzarme más...
Ahí voy a regarla de nuevo...

Después, le pedí que escribiera una segunda lista, esta vez con declaraciones positivas acerca de sí misma:

Soy hermosa.
Soy talentosa.
Yo me encargo de esto.
Yo puedo.
Le caigo bien a la gente.
Me caigo bien a mí misma.
Todo está bien.
Esto es divertido.
Cada día soy mejor en esto.

Le pedí que, cada vez que su cerebro alimentara una declaración de la primera lista, repitiera una de la segunda lista. Y no solo eso, también decidimos que debía repetir un pensamiento de la segunda lista siempre que se acordara, lo precediera una declaración negativa o no.

Durante las siguientes semanas, pasó algo maravilloso. Las afirmaciones positivas saturaron su mente con mensajes de confianza, amor y aceptación incondicional. Al repetirlas día tras día, su perspectiva comenzó a cambiar. Pude ver una notable diferencia en su postura y su lenguaje corporal. Entre más llegaba a gustarse genuinamente, más fácil era para ella mostrar su verdadera personalidad a otras personas. Un verdadero círculo virtuoso.

PRÁCTICA DE SANACIÓN: CORRER EL RIESGO DE EXPONERTE

Si estás viviendo con una herida de rechazo, tal vez te cueste mucho trabajo correr riesgos. Por ejemplo, revelarle algo a un amigo, hablar en público, intentar una nueva actividad en la que aún no eres bueno, incluso cosas que parecen muy simples como usar la ropa que realmente te gusta, o poner tu música favorita en un contexto en el que alguien más pudiera escucharla sin querer. Quizá te sientas seguro al mantenerte muy neutral en el exterior y guardes tu lado salvaje bajo llave, donde nadie pueda verlo; pero si nunca te arriesgas, te perderás toda la alegría y conexión disponibles cuando te muestras al mundo como realmente eres.

Puedes ir poco a poco, corriendo pequeños riesgos, revelando partes de tu verdadera personalidad a otras personas, y ganando confianza en que puedes tolerar sus reacciones. Intenta alguno de estos ejemplos:

- Contarle a un amigo, vecino o compañero de trabajo acerca del último libro que leíste o una película que realmente te encantó, aun si temes que juzgue tus gustos.
- Manejar por la calle con tu música favorita y los vidrios abajo.
- Usar una prenda de vestir o una pieza de joyería que diga algo de ti, y tener una historia lista para contar, en caso de que alguien te pregunte por ella.
- Contarle a un amigo el último sueño loco que tuviste.
- La siguiente vez que te enfrentes a una decisión grupal, expresa tu preferencia real sin esperar a ver lo que todos dicen primero.
- Sube a tus redes sociales una foto o un video de ti haciendo algo que te encante, aunque no seas un experto.
- Toma una clase, taller o lección de un tema que te interese, con la intención de aprender y divertirte.
- Asiste a un grupo de apoyo en el que la gente hable de experiencias difíciles, y comparte una historia de tu vida.

- Platica con un extraño en una cafetería o en el transporte. Hazle algún cumplido genuino o plantéale una pregunta y déjate sorprender por su respuesta.
- Realiza un viaje a un lugar en el que no conozcas a nadie. Actúa como tú mismo, lo que sea que eso signifique para ti. ¿Adónde va tu verdadero yo a cenar? ¿Qué hace por la noche? ¿Cómo se viste? ¿Con quién platica? Date permiso de hacer esas cosas.

Nunca es demasiado tarde para empezar a disolver las viejas ataduras y dejar salir a tu verdadero ser. Al practicar correr riesgos, gradualmente te darás cuenta de que el mundo no se cae cuando te muestras tal como eres, de hecho, descubrirás que tienes *más* amigos, *más* oportunidades y *más* razones por las que vivir de las que tenías cuando vivías a través del rechazo.

SEÑALES DE QUE TU HERIDA DE RECHAZO ESTÁ SANANDO

Cuando vivía con una herida de rechazo sin sanar, con frecuencia me sentía ansiosa, deprimida y drenada. No podía disfrutar de la vida porque mucha de mi energía se iba en ocultar quién era realmente. También se me dificultaba establecer relaciones cercanas con otras personas, porque era muy cautelosa y temerosa al mostrarle a alguien mi verdadera personalidad. Cuando comencé a sanar esta herida al emprender mi camino como sanadora energética, sentí una enorme cantidad de alegría permeando mi vida cotidiana. Sonreía tanto que la gente me hacía bromas por eso: «Ay, Marie, siempre estás tan feliz. ¡Quiero lo mismo que tú estás tomando!». También hice algunos de los amigos más cercanos que he tenido, gente que comparte mi interés por el chamanismo y el trabajo de apertura del corazón. Nada de esto habría sido posible si hubiera permanecido escondida detrás de mi identidad segura como médica.

Cuando sanas una herida de rechazo, liberas la energía que antes empleabas en esconder y suprimir tu verdadera naturaleza. Esta energía puede darte una nueva oportunidad en la vida; tal vez empieces una nueva carrera o relación, experimentes una transformación física radical, o simplemente irradies amor y aceptación cuando antes propagabas miedo y ansiedad.

Puedes comprobar que tu herida de rechazo está sanando al notar alguna de las siguientes cosas:

- Un aumento de felicidad y tranquilidad
- Una reducción de ansiedad y depresión

- Más facilidad para hacer amigos y conexiones románticas
- Más risas
- Mejores conversaciones
- Postura relajada y abierta
- Reducción de síntomas somáticos como dolores de cabeza y fiebre
- Un sentimiento de esperanza con respecto a la vida
- Una habilidad recién descubierta para ver las posibilidades y oportunidades
- Más amor hacia ti mismo

TESORO ESCONDIDO: AUTENTICIDAD

No debería sorprendernos que el tesoro enterrado en el fondo de la herida de rechazo sea la autenticidad. Aunque asociamos esta con ser real o genuino, la palabra *auténtico* viene del griego *authentikós*, que significa «actuar bajo nuestra propia autoridad». En otras palabras, ser auténtico significa buscar tu *propio* permiso para actuar, hacer y ser, en vez de esperar que la autoridad de alguien externo te lo permita. La verdad es que tú eres el único que puede darte permiso de vivir la vida que deseas, nadie más puede hacer eso por ti, no importa qué tan alentador sea.

Cuando eres auténtico, la dolorosa brecha entre tu verdadero tú y el que mostrabas al mundo desaparece. Ya no tienes que esforzarte por mostrar una versión de ti a cada nueva persona que conoces, porque siempre estás ahí, pleno, completo, vibrante y vivo. Aunque la gente pueda responderte ocasionalmente con desagrado o juicio, descubres que puedes hacerles frente con tranquilidad y buen humor. Vivir con una máscara te drena constantemente, mientras que dejarte llevar por la ocasional experiencia de desagrado o desaprobación no representa más que una incomodidad intermitente.

Cuando vives como tu auténtico yo, mueres sin arrepentimientos, porque sabes que no enterraste ni suprimiste algo que fuera importante para ti. También te vuelves alguien con quien es maravilloso estar cerca, porque las personas sienten que no tienen que esconder su verdadera esencia cuando están contigo. En lugar de eso, tu presencia les provee una sensación de alegría y libertad, porque pueden sentir instintivamente que es seguro soltarse en tu compañía. En este sentido, tu autenticidad es un regalo para toda la comunidad.

PARTE 4

LA HERIDA DE JUICIO

Nunca olvidaré el día que fui a la iglesia con mi madre y su nuevo esposo, la primera vez que lo llevó a nuestra casa en Camerún. En esa época, el divorcio era una cosa muy rara en el estado, y aún más en nuestra cerrada comunidad católica. Yo ya había comenzado a entender que el divorcio se consideraba vergonzoso cuando una amiga cercana de la escuela empezó a presentarme como su «prima», en lugar de decir que éramos amigas, para evitar tener que explicar quiénes eran mis padres y por qué no vivían juntos, así como las habladurías de algunos adultos que despreciaban la decisión de mi madre.

Siendo una niña, no me daba cuenta de cuánto estigma había sobre el divorcio hasta ese domingo en particular.

Cuando mi madre se levantó para recibir la comunión, se escuchó un fuerte carraspeo por toda la iglesia. Mi abuela y nuestros vecinos se le quedaron viendo fijamente a mi mamá, obligándola a sentarse, pues a la gente divorciada no se le permitía recibir la comunión. Así de grande se consideraba el pecado en la iglesia católica.

Aunque el juicio de la congregación estaba dirigido a mi madre y no a mí, me sentí profundamente humillada. El comportamiento extraño de mis amigos de la escuela cobró más sentido, igual que el mayor escrutinio con el que mis maestros y otros adultos me trataban. De repente, entendí que mi situación familiar estaba «mal» y que, por extensión, yo también estaba condenada.

Después de aquel evento en la iglesia, me volví muy sensible a los juicios de las personas y, como represalia, yo también comencé a emitir más juicios. Si sentía que otra niña me juzgaba por mi situación familiar, yo pensaba: «Bueno, tú eres gorda y fea, y nunca vas a ser tan lista como yo». Estudiaba más para asegurarme de ser siempre la mejor de mi clase y, por lo tanto, «mejor» que cualquiera. Si cometía incluso un pequeño error en mis tareas, me juzgaba a mí misma con dureza, y me castigaba por ser estúpida y descuidada.

Cuando entré a la facultad de Medicina y fui una de solo cuatro mujeres en mi clase, tanto la presión del exterior como la de mi interior aumentaron. Sentía como si todos a mi alrededor estuvieran esperando que fracasara. No podía mostrar debilidad en absoluto, de lo contrario, mis maestros y compañeros aprovecharían para demostrar que las mujeres no pertenecíamos al campo de la medicina. Aprendí a juzgarme a mí misma tan duramente como me criticaban los demás, y me imponía estándares muy altos todo el tiempo. Olvidé que estas voces de juicio venían desde el exterior y comencé a adoptarlas como si fueran mías.

Cuando ya era una adulta hecha y derecha, también me convertí en una perfeccionista hecha y derecha. Revisaba mi trabajo dos y hasta tres veces para asegurarme de que nadie pudiera descubrirme cometiendo un error. Evitaba correr riesgos o involucrarme en actividades en las que no sintiera la certeza absoluta de que todo me saldría bien. Si acaso cometía una pequeñísima equivocación, como olvidar regresar una llamada lo más pronto posible o no tomar el boleto del estacionamiento, sentía tanta culpa y vergüenza que casi me provocaban querer suicidarme.

Me costaba mucho trabajo tener amigos cercanos porque sospechaba que todo el mundo quería descubrir algún defecto en mí, y de ninguna manera permitiría que eso pasara. Al mismo tiempo, yo buscaba constantemente los defectos en las personas como una manera de reafirmarme que, al menos, yo no estaba tan mal como ellas.

Esta manera de vivir me hacía sentir aislada e infeliz. Estudié la carrera con la que siempre había soñado, pero estaba atrapada en un estado de hipervigilancia, incapaz de relajarme y ser simplemente normal por un momento.

ORIGEN DE LA HERIDA DE JUICIO

Cuando somos pequeños, nuestro estado natural es de alegría y tranquilidad. No se nos ocurre pensar que seamos menos que perfectos tal como somos. Si corremos con suerte, nuestros padres validan esta perfección innata al tiempo que nos guían para comportarnos adecuadamente. Si hacemos algo que no esté bien, por ejemplo, nos pedirán que nos comportemos de una manera diferente, sin dar a entender que somos malos, inoportunos o culpables por naturaleza.

La herida de juicio se da cuando una persona que es importante en nuestra vida nos avergüenza por ser como somos, en lugar de solo corregir nuestros errores de una manera amorosa. Una de mis clientas, por ejemplo, tenía un recuerdo doloroso de una fiesta de cumpleaños a la que asistió de niña. Cuando se sirvió una segunda rebanada de pastel, sin preguntar, su madre la apartó y la regañó muy enojada, diciéndole: «Eso no solo es de mala educación, es repugnante. Una niña como tú no necesita comerse dos rebanadas de pastel».

Cuando mi clienta escuchó las palabras de su madre, entendió que no solo era repugnante comer dos rebanadas de pastel, sino que *ella* era repugnante. En ese momento, la sensación de seguridad que tenía dentro de su relación con su madre quedó irrevocablemente dañada. Descubrió que el amor de su madre en realidad no era incondicional, sino que dependía de que ella se comportara de cierta manera. Su temor de ser avergonzada la llevó a evitar escrupulosamente más conductas repugnantes, sobre todo las relacionadas con la comida, lo que a fin de cuentas la llevó a desarrollar un trastorno alimentario.

Estas son algunas experiencias que podrían provocar una herida de juicio:

- Crecer con padres excesivamente críticos.
- Sentir que el amor de tus padres o cuidadores dependía de que tú mantuvieras cierto criterio de conducta y presentación personal.
- Sentirte avergonzado por un adulto importante en tu vida debido a algo que dijiste o hiciste.
- Sentirte avergonzado por una institución importante en tu vida, por ejemplo, la escuela o la iglesia.

- Haber sido descuidado; esto es algo que los niños experimentan como un motivo de vergüenza.
- Que tu familia, escuela o iglesia te hayan exigido mantener estándares inalcanzables.
- Tener padres que frecuentemente expresan estar decepcionados de ti.
- Tener padres que se juzgaban duramente a ellos mismos o el uno al otro.

De niños, somos imitadores naturales. Cuando presenciamos el juicio y la crítica de los adultos en nuestra vida, interiorizamos estas conductas y las volvemos en nuestra contra. Incluso llegamos a considerarlas una forma natural de ser, en lugar de ver lo dañinas que son en realidad.

SEÑALES DE QUE ESTÁS VIVIENDO CON UNA HERIDA DE JUICIO

La herida de juicio se caracteriza por el perfeccionismo. Cuando le tememos al juicio, nuestra única opción es ser perfectos, de tal manera que hacemos todo lo posible para estar por encima del reproche, incluso si eso implica culpar a otros, inventar excusas o mentir. Se nos hace difícil o imposible admitir nuestros puntos débiles o nuestras malas conductas, incluso con amigos cercanos y familiares, lo cual nos dificulta acercarnos a las personas. Nos ahogamos en trabajo, ejercicio y superación personal, esperando eliminar de nuestra vida los últimos vestigios de imperfección.

Mientras tanto, nuestra autoestima se deteriora. Entre más intentamos estar a la altura de estándares imposibles, más mediocres nos sentimos por dentro. En los casos más extremos, la herida de juicio puede llevar al autodesprecio, un completo rechazo de sí mismo, acompañado de trastornos alimentarios, lesiones autoinfligidas o suicidio. Al saber que no es posible ser perfectos, podemos rendirnos ante el enojo y la desesperación, y arremeter contra nosotros mismos o contra otros, perdiendo por completo el contacto con la belleza innata y la complejidad de la vida.

La herida de juicio pone un filtro a tu experiencia de la realidad; hace que tengas la impresión de que algo terrible pasará si dejas que alguien vea tu lado desorganizado, descuidado, abrumado, confundido o no del todo preparado. Esto te puede llevar al abuso de sustancias, tener aventuras y conductas sexuales de riesgo u otras maneras de desahogo, como resultado de vivir bajo una presión insoportable.

Estas son algunas señales reveladoras de que estás viviendo con una herida de juicio:

- Eres perfeccionista.
- Tienes expectativas más altas sobre ti mismo que sobre otros.
- Constantemente encuentras defectos en ti y en otras personas.
- Vives bajo muchos «Debería».
- Tienes numerosos «Si tan solo...».
- Te reprochas por errores pasados.
- No te gusta que te vean cuando no estás en tu mejor momento.
- Haces ejercicio en exceso.
- Tienes una relación culposa con la comida y puedes ser propenso a tener desórdenes alimentarios.
- Tienes un desmesurado sentimiento de culpa cuando cometes errores intrascendentes.
- Tus relaciones con amigos, compañeros de trabajo y parejas sentimentales se caracterizan por la ansiedad.
- Eres irascible.
- Constantemente te comparas con otras personas.

- Te cuesta trabajo sentirte orgulloso de tus logros.
- Sin importar cuánto te esfuerces, siempre sientes que corres el riesgo de quedarte atrás.

La herida de juicio es más notoria en nuestro diálogo interno, es decir, en las voces en nuestra cabeza que se reflejan en todo lo que decimos y hacemos. Si tienes una arraigada herida de juicio, estas voces pueden ser profundamente tóxicas, al regañarte y criticarte a lo largo del día: «Eres tan tonta. ¿Cómo pudiste siquiera pensar que eso funcionaría? ¡Mírate, atiborrándote de comida otra vez!». No importa cuánto te esmeres por acallar estas voces (esforzándote más, preocupándote más o poniendo más fuerza de voluntad), siempre encuentran cómo decirte que te estás fallando o humillando a ti mismo.

Demos un vistazo a algunas maneras comunes en las que la herida de juicio se manifiesta.

Ser autocrítico

Una amiga mía era tan perfeccionista que no podía cometer ni el más mínimo error sin castigarse durante días o incluso semanas. Ella esperaba ser perfectamente eficiente todo el tiempo, vivir su vida como una máquina de precisión, sin nunca tomar en cuenta el hecho de que los seres humanos no están diseñados para ser 100% eficientes. Cuando llegaba pocos minutos tarde a una cita, u olvidaba en casa los libros de la biblioteca y tenía que regresarlos en otra ocasión, su autocrítica era tan severa que cualquiera pensaría que estropeó una operación militar crítica que como consecuencia tuvo miles de muertes.

En el trabajo, a sus colegas les sorprendía que se disculpara efusivamente por cometer un error de escritura en una presentación. En su mente, este error era vergonzoso a niveles catastróficos. Tenía la certeza de que sus compañeros estaban furiosos con ella, al punto de querer degradarla o despedirla, de modo que toda su carrera quedaría destruida. Incluso cuando sus compañeros de trabajo le aseguraban que no había problema, ella no podía dejar de percibirlo como algo fatal, casi como si hubiera puesto en riesgo su propia sobrevivencia.

Su padre había sido un general del ejército, que castigaba severamente a sus hijos por tender mal la cama y otros errores sin importancia. De niña, ella había aprendido que la mejor manera de evitar problemas era castigarse a sí misma antes de que alguien más pudiera señalarle algún defecto. Su miedo al descontento de los demás era tan grande que constantemente estaba al borde de las lágrimas, aun cuando era tan honesta, obediente y bien portada como un niño puede ser. Este patrón se había perpetuado hasta su vida adulta, dando como resultado que siempre creyera estar a nada de echarlo todo a perder y provocar un desastre.

Cuando estás viviendo con una herida de juicio, nada de lo que haces parece ser suficientemente bueno. Estás programado para ver en qué te equivocas, te retrasas y metes la pata, al tiempo que ignoras todas las maneras en que eres exitoso. Te es imposible relajarte, aun si te las arreglas para palomear toda tu lista de tareas, porque la posibilidad de cometer un error está siempre a la vuelta de la esquina. Te juzgas una y otra vez, y te rehúsas a valorar tus cualidades o las muchas actividades que realizas con éxito cada día.

Encontrar constantemente defectos en los demás y en el mundo

La herida de juicio no solo provoca que te critiques a ti mismo, sino que también hace que veas con ojos de juez a otras personas y a la vida en general. Tal vez pienses: «Este lugar era tan bonito antes de que construyeran esos horribles condominios» o «Mis vecinos deberían prohibirles a sus hijos que jueguen en sus tabletas todo el tiempo». Encontrar defectos en todo momento puede parecer normal; tal vez tú lo consideres solo la reacción inteligente de una persona frente a un mundo que es imperfecto y frustrante. Pero, lo creas o no, señalar defectos es la manera en que la herida de juicio se sostiene a sí misma, evitando que llegues a sentir paz verdadera alguna vez.

Un cliente mío que era ingeniero no podía abrir una puerta, tomar una taza de café o presionar un botón del control remoto, sin encontrar nueve o diez problemas en el diseño de esos objetos. Lo mismo pasaba con sus relaciones. Siempre se quejaba de que sus compañeros de trabajo debían cambiar su actitud, su esposa tenía que dejar de leer esos inútiles libros de autoayuda, y sus padres debían ser más organizados y dejar de vivir su vida de una manera tan relajada y desordenada. En nuestras sesiones, ¡se quejaba incluso de mi acento franco-camerunés, y de la manera en que yo administraba mi negocio!

Se decía a sí mismo que no le quedaba otra opción que sufrir en este mundo tan mal diseñado, rodeado de gente necia, que no vivía como él pensaba que debía hacerlo. La verdad es que su sufrimiento era el resultado de una herida de juicio. De niño, tuvo TDAH, el cual le fue diagnosticado décadas después. Sus padres y maestros siempre lo criticaban por actitudes que ellos no comprendían. Solían decirle: «Si tan solo pusieras atención» o «Si tan solo hicieras tu tarea a una hora razonable, en lugar de dejarla para el último momento». Siempre estaban encontrándole defectos, por razones que estaban totalmente fuera de su control.

Y en lugar de sentir el dolor de estas injustas exigencias, él aprendió a imitar lo que sus padres y maestros hacían, encontrando errores en todo. Si él descubría imperfecciones en el mundo, podía distraerse de su propia y vergonzosa imperfección. La realidad era que las críticas que él emitía hacia las cosas y las personas que lo rodeaban eran proyecciones de su autodesprecio, síntoma de su herida de juicio. Al unirse a la costumbre de sus padres y maestros de criticarlo todo, él también ganaba algún grado de aceptación, ya que con eso demostraba que era «igual que ellos».

Mentir

Si te aterra cometer errores o que te vean como alguien menos que perfecto, puede ser que tengas el hábito de mentir o incluso engañar para encubrir tu debilidad normal. Aunque quizá no seas tramposo o manipulador por naturaleza, tal vez aceptes que dices muchas mentiras para evitar la vergüenza que tanto temes sentir si la gente descubriera lo normal e imperfecto que eres.

Por ejemplo, una clienta mía era una persona muy honesta y sincera de muchas maneras; pero cuando, al ir de reversa, accidentalmente chocó contra un hidrante contra incendios, dañando su defensa trasera, automáticamente les mintió a sus amigos, esposo y compañeros de trabajo acerca de lo que pasó. A pesar de ser un error leve y completamente normal, de los que la mayoría de los adultos alguna vez cometen si han conducido por un buen tiempo, a ella le daba tanto miedo que la vieran como descuidada o irresponsable, que no podía confesar lo que había sucedido.

Otra de mis clientas era catedrática en una prestigiosa universidad. Cuando su investigación no salió como esperaba, falseó los números para obtener los resultados (y los titulares en los noticieros) que quería. Aunque ella sabía que, si la descubrían, eso sería terrible para su reputación, el temor de que la tomaran por «mediocre» era más fuerte. Mintió para evitar la posible vergüenza que sentiría si su comunidad descubría que su experimento no había resultado de acuerdo con los planes, pero en el proceso, se enfrentó a la vergüenza *real* de decepcionar a sus estudiantes y colegas.

A nivel inconsciente, cada una de estas mujeres temía que, si sus amigos, pareja o colaboradores descubrían que habían «fallado», dejarían de quererlas. Aunque ninguna era consciente de este miedo, sí creían que ese amor estaba condicionado por ser perfectas, y con riesgos como ese, ¿quién no mentiría?

RIESGOS DE LA HERIDA DE JUICIO

De no tratarse, la herida de juicio puede causar muchos estragos en tu vida, mantenerte en un constante estado de miedo y estrés, y robarte la alegría natural de vivir. La herida de juicio no solo evita que disfrutes tus propios logros, sino que también disminuye tu habilidad de disfrutar de los muchos regalos que las demás personas comparten contigo cada día. Si todo lo que puedes ver en la gente son defectos, y estás constantemente sometiendo tanto a tus amigos como a las personas que amas a un filtro en el que solo identificas cómo te decepcionan, tus relaciones sufrirán las consecuencias. Cuando te consideras ya sea superior o inferior a otros, no puedes mirarlos a los ojos y decir *namasté*, es decir, «la luz que hay en mí ve y reconoce la luz que hay en ti».

La buena noticia es que, una vez que tomas conciencia de esta herida, puedes comenzar a liberarte de ella. Podrás darte a ti mismo el amor incondicional que siempre ha sido tuyo por derecho de nacimiento, y liberarás tu habilidad de ofrecer ese mismo amor y gratitud a los demás. En el próximo capítulo te compartiré mis herramientas favoritas para lograr hacer exactamente eso.

PRÁCTICAS DE SANACIÓN

Para cuando me convertí en adulta, mi herida de juicio estaba tan arraigada, que juzgarme a mí misma y a los demás se sentía como algo normal. Debido a que constantemente intentaba descubrir de qué formas era juzgada por otras personas, estaba siempre a la defensiva y, al mismo tiempo, los condenaba con mucha rapidez, sin siquiera tener curiosidad por sus razones para comportarse de la manera en que lo hacían, y mucho menos sentía compasión.

Cuando llegué a Estados Unidos para hacer mi residencia médica, una compañera me invitó a una fiesta en casa de su familia. Yo estaba emocionada de estar en ese país, era un sueño largamente esperado, y deseosa de demostrarles a mis nuevos colegas lo valiosa que era. Pero cuando esta compañera residente me presentó a sus padres y les dijo que yo era de Camerún, ellos me miraron como a un animal del zoológico.

—¿Eres de África? —inquirieron—. ¡Guau! ¿Cómo aprendiste a hablar inglés? Es increíble que hayas nacido allá y ahora estés aquí.

Si miro atrás, puedo reconocer que su intención no era ser descorteses o despectivos. Eran ignorantes y, en su ignorancia, genuinamente se asombraron de que una persona de África (que en su imaginación era un lugar destruido por la guerra, en el que la gente se vestía con pieles, vivía en chozas y parloteaba en una lengua «primitiva») pudiera aprender inglés, ingeniárselas para llegar a Estados Unidos y convertirse en médico especialista. Pero en ese momento, mi herida de juicio se encendió de inmediato.

—¿Saben? Es increíble —dije sarcásticamente—. La semana pasada peleaba con un mono salvaje por un plátano, ¡y ahora estoy aquí!

Salí furiosa, pensando en lo irrespetuosos, estúpidos y racistas que habían sido. No se me ocurrió preguntarme un poco acerca de las circunstancias de su vida. Fue hasta mucho después que descubrí que los padres de mi colega eran trabajadores en una fábrica y solo habían estudiado hasta la preparatoria. Mientras que yo había crecido teniendo chofer y había asistido a una escuela internacional en la capital de Camerún, ellos habían pasado toda su vida en el mismo condado pobre y rural de Estados Unidos, sin exponerse a otras culturas, más allá de lo que podían ver en la televisión.

Cuando conocí estos aspectos sobre ellos, me sentí terrible por mi furiosa respuesta. Me di cuenta de que mi herida de juicio estaba bloqueando mi corazón y evitando que sintiera compasión por otras personas. Y no solo eso, sino que la interminable cascada de juicios que saturó mi mente fue como una nube de humo tóxico que mantenía todo mi ser en un estado de negatividad y problemas de salud. Decidí que era momento de sanar mi herida de juicio para recuperar mi capacidad para ser curiosa y compasiva conmigo misma, así como con otras personas.

Dejar de juzgarnos puede causar miedo. Tememos que, si ya no lo hacemos o no nos criticamos, nos volveremos autocondescendientes o flojos, o cometeremos terribles errores y nos humillaremos a nosotros mismos. También nos aterra que, si dejamos de juzgar y criticar a los demás, ellos nos arrollarán, nos pisotearán y se saldrán con la suya mediante conductas erróneas. Creemos que son nuestras críticas las que nos mantienen a salvo, cuando en realidad evitan que alcancemos nuestro máximo potencial y disfrutemos de la riqueza de la vida.

Cuando comencé a trabajar mi herida de juicio, pasó algo curioso (al menos en retrospectiva). Cada vez que me percataba de que estaba creando un juicio, inmediatamente me criticaba a mí misma por ello. En otras palabras, ¡me juzgaba a mí misma por ser tan sentenciosa! Me tomó algo de práctica permitir que surgieran esos pensamientos de crítica y hacerlos visibles con curiosidad y buen humor, en vez de tomarlos como una oportunidad para continuar con mis viejos patrones. Conforme tu herida de juicio vaya sanando, recuerda no juzgarte por seguir emitiendo juicios, con el tiempo, desaparecerán de manera natural.

PRÁCTICA DE SANACIÓN: RECONOCER LO POSITIVO

Cuando vives con una herida de juicio, tu visión se estrecha. Solo puedes ver lo negativo, en qué te equivocas, cómo no cumples con lo que se espera o cómo te quedas atrás. Sanar la herida de juicio implica reemplazar este filtro negativo con uno positivo. Si bien requiere un esfuerzo consciente y se siente extraño al principio, puedes entrenarte para ver y reconocer lo positivo en ti mismo y en tu vida, no solo una vez al día, sino en todo momento. Comienza este entrenamiento evocando intencionalmente recuerdos en los que las cosas salieron bien, lograste algo significativo o tuviste gestos amables con otras personas.

Responde los siguientes planteamientos en tu diario:

- ¿Cuáles son los rasgos de tu personalidad que más te enorgullecen?
- ¿Cuáles son los logros de los que te sientes más orgulloso?
- ¿De qué maneras eres un gran amigo, compañero de trabajo, pareja o miembro de tu familia?
- Piensa en una ocasión en la que hayas hecho algo amable o generoso por otra persona, y escribe acerca de eso.
- Piensa en alguna vez en la que te hayas esmerado para resolver un problema, y escribe al respecto.

Un cliente mío había estado sumido en depresión durante casi una década, preso de su implacable autocrítica. Cuando respondió estas preguntas, fue la primera vez en años que formuló un pensamiento positivo respecto a sí mismo. Esto es lo que escribió:

¿Cuáles son los rasgos de tu personalidad que más te enorgullecen? Soy honesto y justo, incluso en

situaciones en las que me sería fácil tomar ventaja sobre los demás. Genuinamente me preocupo por otras personas, y siempre hago lo mejor que puedo para hacer que su vida mejore.

¿Cuáles son los logros de los que te sientes más orgulloso? Aprendí a tocar el violín siendo adulto. ¡Esto implicó un gran compromiso, dedicación y humildad! La mayoría de los adultos que intentan aprender a tocar un instrumento no llegan muy lejos, pero yo perseveré y ahora la gente piensa que lo aprendí de niño.

¿De qué maneras eres un gran amigo, compañero de trabajo, pareja o miembro de tu familia? Para ser honesto, no tengo muchos amigos, pero sí tengo una pareja a la que adoro. Siempre me doy el tiempo para escucharla y hacerla sentir importante, sin importar cuán ocupado esté. Ella sabe que puede contar conmigo, y me siento orgulloso de mí mismo por ganarme esa confianza.

Piensa en una ocasión en la que hayas hecho algo amable o generoso por otra persona, y escribe acerca de eso. Me detuve una vez en la orilla de una transitada carretera para ayudar a un hombre cuya camioneta se había descompuesto. Resulta que yo tenía algunas herramientas en la cajuela de mi auto, pues también había tenido una Tacoma Toyota, así que pude ayudarle a que arrancara de nuevo. Estar dos horas bajo el rayo del sol, al lado de una ruidosa carretera, fue incómodo, por decir lo menos, pero nunca olvidaré su mirada de alivio y gratitud cuando el motor encendió, pues ya no tuvo que solicitar una grúa que no podía costear. Después de aquello, me sentí genial durante días.

Piensa en alguna vez en la que te hayas esmerado para resolver un problema, y escribe al respecto. Cuando mi mamá se enfermó de cáncer, el hospital local no tenía a los especialistas adecuados para tratarla. Localicé un oncólogo, a tres horas de ahí, que se especializaba en la condición que ella tenía, y pasé horas hablando por teléfono con el seguro para convencerlos de cubrir las consultas. Aunque intentaron negarse muchas veces, conseguí que autorizaran sus tratamientos. No estoy seguro de que mi madre hubiera sobrevivido si yo no hubiera persistido.

El cliente que escribió estas palabras se percibía a sí mismo como un hombre patético e ineficiente, un completo perdedor, de acuerdo con su juicio interno. Pero cuando recordó conscientemente sus atributos positivos, y las ocasiones en que había hecho una diferencia, otra imagen comenzó a emerger. Este «completo perdedor» había ayudado a un extraño al lado de una carretera y conseguido atención médica crucial para su madre. ¡Este «perdedor» también era una pareja confiable, un consumado violinista y una persona honesta, gentil y justa!

Cuando descubres lo poderosa que resulta ser esta práctica para restablecer tu forma de pensar, puede que quieras hacerla una y otra vez. Cuanto más evoques tus cualidades y las acciones positivas que has realizado, más rápido sanará tu herida de juicio.

PRÁCTICA DE SANACIÓN: CONTAR HISTORIAS DE GRATITUD

Cuando estás atrapado en los juicios acerca de ti mismo, de la gente que te rodea y de la situación del mundo, pierdes contacto con la gratitud por los regalos de la vida. La herida de juicio te mantiene en un constante estado de insatisfacción, en el cual es imposible sentirte verdaderamente feliz, agradecido o en paz. Para sanar la herida de juicio, se requiere que reconectes con las cosas por las que te sientes agradecido y restablezcas la «actitud de gratitud», la cual hace que valga la pena vivir.

Hay innumerables maneras de practicar la gratitud, probablemente, ya has escuchado de varias. Aunque puedes simplemente escribir una lista de razones por las que te sientes agradecido, es aún más efectivo contar una historia de gratitud, un recuento detallado de alguna vez que hayas sido favorecido por la amabilidad, generosidad o previsión de alguien más. Aquí hay algunas ideas con las que puedes comenzar:

- Escribe acerca de alguna ocasión en la que un extraño haya sido amable contigo. ¿Qué fue lo que pasó y cómo te hizo sentir?
- Escribe sobre alguna vez en la que una persona de tu vida te haya hecho sentir seguro.
- Escribe sobre algún momento en el que hayas recibido alivio inesperado respecto a algún problema.
- Escribe acerca de un regalo significativo que alguien te haya dado.
- Escribe respecto a una acción que realizaste en el pasado y que beneficia a tu versión actual.

Uno de mis clientes era un detector de defectos crónico. No podía recibir un regalo sin quejarse de que quien se lo obsequió no había pensado realmente en lo que a él le gustaría. Tampoco podía comer algo sin señalar al menos tres diferentes formas en las que el platillo podría mejorar. Estaba completamente desconectado de su sentido de gratitud, y su mente estaba dominada por los defectos reales e imaginarios que él percibía en las demás personas y en el mundo entero.

Fue complicado convencerlo de comprometerse a practicar la gratitud, pero una vez que comenzó, fue cobrando fuerza hasta que se convirtió en una de las personas más agradecidas que he conocido. Después de escribir sus respuestas a las preguntas que recién te compartí, fue un paso más allá y transformó sus respuestas en cartas de gratitud que envió a la gente importante para él, incluso para sí mismo. La siguiente es una de sus cartas.

Querida Naomi:

Me di cuenta de que nunca te agradecí por el tiempo que pasaste manejando desde Big Sur hasta Los Ángeles para recogerme en el aeropuerto. Yo había estado muy estresado desde hacía semanas, pensando en cómo me las arreglaría para llegar a Big Sur con todas mis maletas y la caja de mi bicicleta, y revisando toda clase de opciones locas y caras para lograrlo. Tú eras amiga de mis papás, y yo no te conocía muy bien, pero cuando ellos te comentaron que me mudaría, ofreciste tu ayuda de inmediato.

En ese momento, yo me sentía tan abrumado por la necesidad de encontrar un trabajo y hospedaje, que nunca me di el tiempo de realmente agradecer la magnitud de tu generosidad. Al mirar hacia atrás, me doy cuenta de lo importante que fue, y espero que puedas aceptar mi agradecimiento tantos años después, aun si en ese momento me comporté como un chiquillo malcriado y malagradecido.

Sinceramente,
John

Conectar con la gratitud ayudó a mi cliente a disfrutar de su vida como nunca antes lo había hecho. Y no solo eso; además, como resultado de su habilidad de sentir y expresar agradecimiento, desarrolló mejores amistades y relaciones.

EJERCICIO DE SANACIÓN: TUS PADRES IDEALES

Muchos de nosotros heredamos las heridas de juicio de uno o ambos cuidadores, dado que sus críticas se quedan grabadas en nuestra cabeza hasta mucho tiempo después de mudarnos de la casa familiar: «Ay, Marie, ¿por qué no puedes hacer nada bien? ¿Por qué no puedes ser normal? Todo el mundo lo hace de esta manera, ¿por qué siempre tienes que ser diferente?». Cuando somos adultos, olvidamos que aquellas voces vinieron del exterior y creemos que sus pensamientos son *nuestros.*

En esta práctica, te invito a imaginar a tu progenitor o progenitores ideales. ¿Cómo serían esos padres? ¿Cómo hablarían? ¿Qué valores te transmitirían? Escribe tus respuestas con tanto detalle como sea posible. También puedes cerrar los ojos y visualizar cómo te hablarían y qué te dirían.

Una clienta mía creció con una madre depresiva y solitaria, que constantemente sembraba el miedo al fracaso en sus hijos, y con un padre distante, que respondía con enojo cuando sus hijos le pedían atención. Sus voces internas constantemente le advertían cómo todas sus decisiones de vida podían resultar mal, y le sugerían no esperar mucho de sus amigos o su pareja porque entonces ellos se enojarían y se alejarían. Ella escribió lo siguiente acerca de sus padres ideales:

> Mi madre ideal sería fuerte e independiente. Tendría muchas amigas que la apoyarían en los tiempos difíciles, y se divertiría con ellas. Yo crecería rodeada de estas mujeres geniales y fuertes, aprendiendo el valor de la amistad y la comunidad. No solo sería cercana a mi mamá, sino que además contaría con todas ellas para pedirles consejos o tomarlas como inspiración también.
>
> Mi padre ideal sería tranquilo y reflexivo, más solitario que mi mamá extrovertida. Él sería algo así como un tipo zen, le gustaría la carpintería, la jardinería y tocar la guitarra. Con su ejemplo, nos enseñaría los valores de la paciencia, el servicio y la meditación. Él nunca permitiría que yo me menospreciara por mis errores; desde pequeña, él me enseñaría a tratarme a mí misma con gentileza todo el tiempo.

Fue hasta que escribió acerca de sus padres ideales, que mi clienta se dio cuenta de qué tan dañina había sido la influencia de los verdaderos. Por supuesto, ella era depresiva, temerosa y se juzgaba duramente a sí misma;

había sido educada para creer que el fracaso era inminente, y ¡que el costo de fallar era devastador! Empezó a ver que la mentalidad de fatalidad y pesimismo que despreciaba en sí misma no era suya en realidad, sino un vestigio de su niñez. Y no solo eso, sus severas autocríticas tampoco eran suyas, sino que también las adoptaron en su infancia, pero ella podía elegir dejarlos atrás.

Este ejercicio eleva la autocompasión, debido a que la brecha entre los padres que te habría gustado tener y los que en realidad tuviste generalmente es muy grande. Sabiendo que fuiste criado por padres no tan ideales, ¿cómo puedes seguir juzgándote a ti mismo? Si te encontraras con un niño que ha sido educado en condiciones similares, ¿lo juzgarías tan duramente como lo haces contigo mismo? Por supuesto que no. Sanamos la herida de juicio reconociendo que los adultos en nuestra vida también son imperfectos.

EJERCICIO DE SANACIÓN: MEDITACIÓN DE ENRAIZAMIENTO

Cuando tenemos una profunda herida de juicio, tendemos a vivir en nuestra mente, consumidos por pensamientos y opiniones, y en completa desconexión con nuestro cuerpo. En otras palabras, nos desenraizamos, perdidos en el mundo del pensamiento, el juicio y la preocupación. Una meditación de enraizamiento puede ayudarnos a anclarnos de nuevo en la realidad, y permitir que el «viaje mental» que la herida de juicio provocó se disipe con suavidad. Enraizarse es el arte de estabilizar la energía de tu cuerpo al conectarte con la tierra. Cuando estás enraizado, te sientes totalmente presente: claro, centrado, fuerte y enfocado.

Para empezar, lleva tu conciencia a la base de tu columna vertebral o el hueso del coxis. Envía una cuerda imaginario que baja por tu columna hasta llegar al centro de la Tierra, anclándote. Puedes imaginarte el centro de la Tierra como una gran roca o un cristal, y enredar tu cuerda alrededor. Permite que tu cuerda de enraizamiento sea lo que desee ser: las raíces o el tronco de un árbol, o un haz de luz brillando desde la base de tu columna. También puedes verlo como una cascada que fluye desde ti hacia la Tierra.

Permite que la energía de la Tierra suba por esta cuerda y te colme. Nota cuánta de esta energía te es posible retener. ¿Puedes aceptar que tu ser se llene al 90% de la energía de la Tierra?

Visualiza esta cuerda de enraizamiento por tanto tiempo como se sienta bien para ti. Cuando hayas terminado, imagina que jalas de nuevo la cuerda hacia tu cuerpo. Después, puede ser que sientas el deseo de salir y caminar descalzo en el pasto, hacer un poco de yoga, o profundizar en esta actividad de otra manera y prolongar tu conexión con tu cuerpo.

¿Cómo se siente estar firmemente conectado a la Tierra y a tu cuerpo de esta forma? ¿Qué sensaciones notaste en tu cuerpo? ¿De qué modo cambiaron tus pensamientos?

Al hacer esta meditación de enraizamiento de manera cotidiana, te liberarás del control que tienen tus pensamientos y habitarás más tu cuerpo, lo que se traducirá en vivir más en el presente. Al vivir en el ahora, la herida de juicio perderá la oportunidad de causar más sufrimiento en tu vida.

SEÑALES DE QUE TU HERIDA DE JUICIO ESTÁ SANANDO

Conforme la herida de juicio comienza a sanar, ¡descubrirás que tus juicios van disminuyendo! En lugar de castigarte de inmediato a ti mismo o a los demás por sus imperfecciones, sentirás una mezcla de compasión y curiosidad. Por ejemplo, puedes pensar: «Me pregunto qué le habrá pasado a esa persona para que se comportara así», en lugar de «¡Es despreciable!». O quizá pienses: «Me pregunto por qué siento la necesidad de apresurarme tanto en hacer mis tareas», en lugar de «¡Soy un perfecto desastre todo el tiempo!». Esta curiosidad suaviza el corazón y expande tu capacidad de sentir y expresar amor, tanto a ti mismo como a los demás.

Yo pude decir que mi propia herida de juicio estaba sanando cuando dejé de enojarme e irritarme cada vez que mis pacientes estadounidenses me hacían preguntas acerca de Camerún que yo consideraba de gente ignorante. Al mismo tiempo, me volví menos dura conmigo en las cosas en que yo era la ignorante.

Puedes comprobar que tu herida de juicio está sanando al notar alguna de estas mejorías:

- Tu voz interna es más amable y gentil.
- Tu capacidad de perdonarte aumenta.
- Eres más espontáneo.
- Tienes una sensación de felicidad y tranquilidad.
- Te aceptas y aceptas a las demás personas de mejor manera.
- Tu satisfacción con la vida aumenta.
- Tienes mayor tolerancia a la incertidumbre y la imperfección.
- Tu mente está más tranquila.
- Aprecias y agradeces los placeres simples de la vida.

- Expresas con rapidez tu gratitud a los demás.
- Tienes mayor habilidad para ser amable y alentarte a ti mismo y a los demás.
- Tu cuerpo se aligera conforme dejas de autocastigarte.
- Regresas a tu peso ideal, una vez que dejas de matarte de hambre o castigarte por comer demasiado.

TESORO ESCONDIDO: COMPASIÓN

Cuando sanas tu herida de juicio, se revela el tesoro de la compasión. La palabra *compasión* literalmente significa «sufrir con». Esto quiere decir que derribamos los muros que nos separan unos de otros, y nos esforzamos por entender de dónde surgen los comportamientos de los demás. La mayoría de las veces, las conductas que más duramente juzgamos en otras personas tienen su origen en heridas profundas. Incluso si nunca llegamos a conocer los detalles de esas heridas, podemos asumir que existen, y tener eso presente nos permite sentir compasión, en lugar de juzgar a alguien cuando se comporta de una manera que no nos gusta.

Lo mismo ocurre con la autocompasión. Cuando te sorprendas cometiendo un error o comportándote de una manera que más adelante lamentarás, recuerda que tú también sufres y estás haciendo lo mejor que puedes a partir de tus heridas. Al practicar la autocompasión, podrás desarrollar una relación amorosa contigo mismo. Esta presencia amorosa se convierte en un regalo para todos a tu alrededor, pues la irradias hacia el exterior para tocar a todos los que estén en tu campo energético. Ahora que sabes que no eres mejor ni peor que nadie más, puedes mirar dentro de los ojos de otra persona y decir sinceramente: «*Namasté,* la luz que hay en mí ve y reconoce con amor, gracia y presencia la luz que hay en ti».

PARTE 5

LA HERIDA DE SEPARACIÓN

Tenía 11 años y estaba leyendo por segunda vez la famosa novela de ciencia ficción de Frank Herbert, *Dune*, cuando me di cuenta de que me sentía más conectada con los personajes del libro que con mi familia, mis amigos, o cualquier persona real en mi vida. Este descubrimiento vino acompañado de un profundo sentimiento de soledad. Durante mucho tiempo me había sentido como una especie de extraterrestre. No me agradaban las mismas cosas que a mis padres; no disfrutaba visitar a nuestros familiares; y sentía que la convivencia social, en general, no era más que un fastidio que se me imponía para crear un espectáculo y comportarme de cierta manera, cuando habría preferido quedarme sola y hacer lo que quisiera.

Pasaba todo mi tiempo libre leyendo o estudiando, sin estar realmente presente con otras personas o participar en la vida que transcurría a mi alrededor. Así que vivía indirectamente a través de las novelas que leía en mi habitación. Y, como era excelente en la escuela, todos me dejaban en paz. En vez de percatarse de lo ermitaña que me había vuelto, mis padres me elogiaban por ser tan estudiosa y normalizaban mi aislamiento. Solo me relacionaba con otras personas cuando necesitaba algo (una botana o un aventón a algún lado), y luego volvía a retraerme.

En ese entonces, no era consciente de sentir soledad. Los libros que leía eran una especie de droga, capturaban mi atención y evitaban que sintiera mi propio dolor. La verdad es que mi confianza se había roto tantas veces que ya no le veía caso a relacionarme con otras personas; en el fondo, creía que solo acabarían lastimándome.

Esta separación de los demás estaba acompañada de un alejamiento de mi propio cuerpo, vivía del cuello para arriba, cómoda y a salvo en los confines de mi mente. Esto me permitía evitar los sentimientos incómodos de aprensión que habitaban en mis entrañas, y la tristeza que abrumaba mi corazón. El cuerpo es un depósito de dolor emocional no procesado, así que era natural que me escapara hacia el interior de mi cabeza, utilizando las novelas para soñar que tenía toda una nueva vida. Rara vez salía a la naturaleza; en su lugar, me quedaba en mi recámara, aislada del mundo sensorial.

Pero la peor separación de todas fue de la divinidad. Como casi el 40% de la población en Camerún, mi familia era católica. Los domingos en la mañana, mi abuela nos ponía vestidos incómodos con olanes y nos llevaba a misa. Cuando era muy pequeña, me encantaba ir a la iglesia, era divertido arreglarnos y correr por los pasillos antes y después de la misa. Yo tenía una conexión innata con lo divino, e incluso podía ver y sentir ángeles en la iglesia. Pero conforme crecí y llegué a la preadolescencia, perdí esa habilidad. A los 12 años, sentí que Dios me había abandonado.

Ese sentimiento de estar completamente sola llegó a dominar mi vida durante las siguientes décadas. Me sentía como si flotara por el cielo sin rumbo fijo. Anhelaba recuperar los sentimientos de mi infancia temprana, esa mágica sensación de estar conectada con Dios; pero sin importar cuánto lo intentara, no lograba que la magia regresara. La desesperación que sentía era intensa. Con frecuencia lloraba en la noche, preguntándome: «¿Cómo fue que me perdí de esta manera? ¿Cómo desaparecí por completo?». El cuerpo me dolía, y creía que me volvería loca. De verdad sentía que la ausencia de amor divino podía causar la muerte, que una persona podía agonizar hasta morir. En esos momentos me di cuenta de que lo más doloroso que puede experimentar un ser humano es la separación de lo divino.

Aunque me tomó años descubrirlo, estaba viviendo con una herida de separación. Me había desconectado de mi propia divinidad y de la del universo. Había dejado de verme como una pequeña pieza en un entramado de vida; en cambio, me percibía a mí misma como atrapada en una especie de isla en medio de un enorme y turbulento mar, sin poder conectarme con nada. Como resultado de este estado de separación, mi energía constantemente se drenaba. Incluso cuando despertaba después de dormir diez horas, estaba cansada, porque mi cuerpo no podía recargarse solo.

La verdad es que todos somos parte de lo divino, y todos venimos a esta tierra con dones especiales, misiones, cosas que queremos aprender y cosas que debemos enseñar a los demás. Puedes decir que todos estos atributos son tu propósito de vida, tu llamado, tu *dharma* o incluso tu destino. Cuando estás conectado con ellos, sientes que la vida tiene un sentido, aun cuando las cosas se compliquen. Además, reconoces que la gente a tu alrededor también está siguiendo su propósito de vida, y que las personas y situaciones difíciles son solo maestros disfrazados. Lo más importante es que descubres que nunca estás solo, que te rodean fuerzas amorosas y benévolas, tanto visibles como invisibles, que están contigo aun en tus momentos más oscuros.

ORIGEN DE LA HERIDA DE SEPARACIÓN

Abres una herida de separación cuando tu relación con la divinidad se rompe, o bien, porque quizá nunca las has nutrido, para empezar. Para muchos de nosotros, esto es resultado de crecer en una tradición religiosa que se siente vacía, hipócrita o falsa, o de crecer en una sociedad consumista en la que no se habla de lo divino ni mucho menos se siente su presencia en la vida diaria. Ya sea que hayas crecido en una familia religiosa o no, puedes sentir que el mundo es básicamente inanimado, y que el objetivo de la vida es adquirir estatus y posesiones que debes defender de todas las amenazas externas.

Este estado de separación de lo divino, frecuentemente se extiende hacia una separación de otros humanos, de tu cuerpo y de la Tierra. En lugar de ver a las demás personas como miembros de una familia humana, tal vez los consideres gente hostil que compite por recursos limitados. En vez de apreciar a la naturaleza como tu hogar, puede que tu estilo de vida ocurra predominantemente en lugares cerrados, desconectado de los ciclos de la tierra, el cielo y el agua. Quizá ignores a tu cuerpo y vivas en tu cabeza tanto como sea posible. Finalmente, es posible que estés desconectado de tu propósito, incapaz de encontrarle significado a tu vida.

La herida de separación puede originarse por varios motivos, como:

- Ser testigo de la hipocresía en tu iglesia o dentro de tu comunidad espiritual.
- Que una persona importante en tu vida invalide tu percepción de Dios o de la divinidad.
- Ser expulsado de tu cuerpo por una experiencia traumática.
- Que tus padres enfaticen la autosuficiencia y te enseñen a nunca buscar el apoyo de otras personas.
- Ser educado bajo la mentalidad de «solo trabajo, nada de juegos».
- Crecer sin una comunidad fuerte o sin sentido de pertenencia.
- No haber pasado suficiente tiempo en la naturaleza durante tu infancia.
- Haber aprendido que la naturaleza está para usarla y abusar de ella.

- Crecer con una comprensión materialista de la realidad.
- Tener padres que rara vez expresaban admiración o asombro.
- Tener padres que expresaban un alto grado de ansiedad social.

De alguna manera, todas las culturas modernas sufren una herida de separación. Nuestra cultura menosprecia los placeres cotidianos, como pasar ratos agradables con los vecinos, jugar con niños y animales, y sumergirse en la belleza natural; mientras enaltece los valores de consumo, como adquirir grandes casas, juguetes caros y vacaciones en destinos sofisticados. Enfatizamos los trabajos altamente remunerados en vez de los significativos y, frecuentemente, los puestos mejor pagados son destructivos, mientras que los significativos suelen no pagarse bien. Lo peor de todo es que o bien negamos por completo la existencia de la divinidad, o bien la relegamos a las religiones organizadas que discuten entre ellas mismas y con frecuencia excluyen a ciertas categorías de personas. Tomando todo esto en cuenta, no es de sorprender que tantas personas vayamos por la vida con heridas de separación.

Recuerdo las visitas al pueblo de mi padre durante mi infancia en Camerún. De niña me parecía fastidioso e incómodo que todos en el pueblo se conocieran, e incluso supieran todo acerca de mí. Cuando salía a dar una vuelta, la gente decía cosas como «Ella es Marie, la hija de Essomba, que es la primogénita del anciano Essomba y vive del otro lado del río, del lado izquierdo del camino». Me sentía desnuda y expuesta al escuchar a la gente hablar de esa manera. Esperaba con ansias regresar al anonimato de nuestra casa en la ciudad.

Pero ahora que soy adulta, sonrío al recordar el pueblo. La gente que vivía ahí estaba verdaderamente conectada. Tenían relaciones profundas y duraderas, no solo entre ellos, sino con la tierra en la que vivían y con lo divino, y lo expresaban a través de la música y el baile. La estructura de la vida tribal formaba una red protectora alrededor de sus miembros, asegurándose de que nadie se separara demasiado. Si bien su vida no estaba libre de dificultades, los habitantes de esa aldea no tenían heridas de separación, algo que no podemos presumir en Occidente.

SEÑALES DE QUE ESTÁS VIVIENDO CON UNA HERIDA DE SEPARACIÓN

La característica definitoria de la herida de separación es un sentimiento de desconexión de ti mismo, de la Tierra, de la comunidad humana y de lo divino. Cuando estás desconectado de estas fuerzas, te sientes exhausto, drenado y profundamente solo. Puedes conformarte con una vida que no te conviene o no te inspira; pierdes horas viendo televisión, revisando las redes sociales o consumiéndote en un trabajo o una actividad que te queda pequeña. Casi no confías en ti mismo o en los demás y, por lo tanto, te cuesta trabajo arriesgarte a hacer actividades que te ayudarían a crecer. Debido a la desconexión, tal vez sientas que no perteneces a ningún lado, incluso te sientes así en el hogar en el que has vivido por años.

Cuando yo vivía con una herida de separación, no confiaba en la vida, de ahí que tuviera la necesidad de controlarlo todo, la cual me mantenía en un constante estado de ansiedad. Pasaba horas intentando predecir el resultado de cada decisión y acción que pudiera tomar, luchando por eliminar la incertidumbre. Para nada confiaba en que mi vida se desenvolvía de una manera significativa, y no me parecía que Dios, el universo o alguien más me respaldara. Sentía que la vida era hostil, solitaria y difícil.

Estas son algunas señales de que tal vez estés viviendo con una herida de separación:

- Tu vida no está en sintonía con tus valores o, peor aún, no sabes cuáles son tus valores.
- Sientes que no perteneces a ningún lado.
- Ningún lugar se siente como tu hogar.
- No estás viviendo a tu máximo potencial.
- Rara vez sientes alegría o gratitud espontáneas.
- Evitas interactuar con otras personas más allá de un nivel superficial.
- Te cuesta trabajo recibir regalos o favores de los demás.
- Trabajas en exceso y te incomoda no hacer nada.
- Crees que tu vida es rutinaria, inútil y vacía.
- Rara vez te sientes en armonía con otras personas, con la naturaleza o con el universo.
- Te cuesta trabajo pedir ayuda, o confías muy poco en que otras personas puedan o quieran ayudarte.
- Terminas involucrándote en relaciones codependientes porque es más fácil para ti sentir las emociones de otros que identificar las tuyas.

- Te vuelves un observador exagerado al preferir ver a los demás que participar.

La herida de separación te mantiene en un estado de extremo cansancio, desconexión y victimismo. La vida se siente como una batalla; en lugar de deslizarte por la ola, estás nadando a contracorriente.

A continuación, detallo algunas formas en que suele mostrarse la herida de separación.

Estar aburrido

Cuando estás separado del propósito de tu alma, la vida parece aburrida y gris. Aun si vives en un lugar hermoso, tienes un gran trabajo y todo el dinero que necesitas, puedes sentirte deprimido, vacío y solo.

Un cliente mío era el ingeniero principal de una gran compañía de software en Silicon Valley. Estaba rodeado de algunas de las personas más inteligentes del mundo, y trabajaba con problemas fascinantes. Su pareja era actriz, y los fines de semana ofrecían fiestas espectaculares en su casa, en las que se codeaba con personas guapas, famosas y exitosas, con las que intercambiaba ideas. También era un ciclista profesional de montaña, y viajaba por el mundo compitiendo ¡y ganando! carreras.

A pesar de todo, mi cliente se sentía apático e intranquilo. Su autoimagen dependía totalmente de su carrera y sus posesiones. Temía que, si algún día no podía realizar ese trabajo (ya fuera como resultado de una cirugía de cerebro o por el simple hecho de envejecer, por ejemplo), inmediatamente su vida dejaría de tener significado. También luchaba con una persistente sensación de aburrimiento, como si ya hubiera descifrado el juego de la vida y no quedara nada más que hacer.

De niño, mi cliente aprendió que el éxito era lo más importante en la vida. De hecho, sus padres apenas le ponían atención, a menos que pusiera frente a su cara un trofeo o unas calificaciones destacadas en matemáticas. Lo llevaban de una actividad extraescolar a otra, con muy poco tiempo libre entre ellas. Él recibió el mensaje de que no era correcto solo jugar o existir, siempre se debía estar trabajando por alcanzar algún logro. Incluso de adulto, todas sus actividades estaban muy enfocadas en conseguir objetivos, y se sentía muy incómodo ante la simple idea de mecerse en la hamaca y soñar despierto, o hacer algunas otras actividades relajantes. Estaba desconectado por completo de su derecho de nacimiento de simplemente ser, se había convertido en un humano productivo y estaba sufriendo por ello.

Ser temeroso

Cuando te percibes separado, el mundo se vuelve un lugar muy atemorizante. Después de todo, si la única persona con la que puedes contar eres tú, y te sientes pequeño, limitado y vulnerable, aprendes rápidamente a jugar a la segura.

Nunca olvidaré la vez que una clienta mía se presentó a la sesión hecha un mar de lágrimas. Ese fin de semana, ella manejaba hasta la costa para tomar unas breves vacaciones cuando vio a dos personas pidiendo aventón a un lado del camino. Eran jóvenes, agradables y vestían ropa colorida, y ella tuvo el inusual reflejo de parar y llevarlos.

—¿Adónde vas? —le preguntaron.

Ellos dijeron que iban al mismo pueblo pintoresco, al lado de la playa, al que ella se dirigía.

—¿Dónde se van a quedar? —les preguntó ella, sorprendida.

—Oh, no lo sé —dijo uno de los chicos—. Vamos a acampar en la playa, o quizá hagamos amigos en el círculo de tambores hoy en la noche, y nos ofrezcan un lugar donde quedarnos.

Mi clienta estaba sorprendida. Ella había preparado obsesivamente todos los detalles de su viaje de fin de semana a la playa, había revisado el tráfico, evaluado rutas alternas, reservado una habitación de hotel varias semanas antes, asegurándose de que tuviera estacionamiento y wifi, e incluso había descubierto dónde conseguir café en la mañana. Sentía que tenía que controlar cada pequeño detalle porque ¿quién más iba a hacerlo por ella? Aunque iba de vacaciones para relajarse, se sentía abrumada.

En contraste, los chicos que pedían aventón se veían perfectamente relajados y felices. Demostraban una confianza en el universo que estaba totalmente ausente en la vida de ella.

—No sé cómo explicarlo —me dijo mi clienta, limpiándose las lágrimas—. Fue como si ellos creyeran en Dios.

Este encuentro le mostró cuán poca fe tenía en un universo benévolo, y qué tan desconectada estaba de un sentimiento intenso de lo divino. Aun cuando ella tenía muchos más recursos que los chicos del aventón, se daba cuenta de que eran más ricos que ella en formas muy significativas. Ellos estaban conectados entre sí, con lo divino, y con el resto de la humanidad, mientras que ella estaba aislada. Aunque había tenido chispazos tempranos de este estado divino de conexión cuando era niña, sus padres siempre le enseñaron a no creer en «tonterías místicas» y enfocar sus esfuerzos en la seguridad material.

Como resultado de esta separación, su mente estaba dominada por el miedo. Ella temía no tener suficiente; temía no *ser* suficiente; temía no estar preparada o ser vulnerable. Rara vez corría riesgos o participaba en actividades cuyo resultado no pudiera predecir con precisión porque estaba desconectada de la fuente divina, la cual es infinita. Ella veía la vida a través de un cristal de escasez. Hasta que conoció a los chicos del aventón, casi nunca percibía lo divino en otras personas, así que evitaba conectar, recibir la amabilidad de las personas o pedir ayuda.

Sentirte aislado

Un cliente mío creció mudándose con su familia de una base militar a otra, sin llegar a tener una conexión continua con ningún lugar o comunidad. Las bases no solían tener mucho acceso a la naturaleza, así que los niños jugaban videojuegos dentro de sus casas, o iban al centro comercial. A muy temprana edad, aprendió que no tenía sentido tener amigos cercanos o involucrarse en algún deporte o actividad, porque su familia volvería a mudarse en uno o dos años. En lugar de eso, él se mantenía distante; socializaba con otros chicos, pero sin involucrarse de verdad. Ponía algunos pósteres en su habitación, pero fuera de eso, no se esforzaba mucho por hacerla su espacio.

De adulto, de alguna manera se las había arreglado para recrear este patrón. Cambiaba de trabajo constantemente, se mudaba de una ciudad a otra cada año, rentaba habitaciones o departamentos baratos y no se molestaba en amueblarlos, pensando que de cualquier manera se iría de ahí. En lugar de esforzarse por hacer verdaderos amigos, pasaba sus noches tomando en los bares, donde podía tener una experiencia simulada de convivencia social, con la ayuda del alcohol.

Cuando acudió a mí en busca de ayuda, hacía cinco meses que su novia había terminado la relación porque él no podía comprometerse o siquiera decir «Te amo». Ella le decía que se sentía como un mueble temporal en su vida, como su colchón o un librero barato (diseñados para ser desechables). Aunque él sí la amaba, asumió que estaba destinado a estar solo, literalmente no sabía cómo sostener una conexión por más de unos meses. Me dijo que se sentía como un visitante de otro planeta, dando vueltas, pero sin nunca pertenecer a ningún lugar o persona.

RIESGOS DE LA HERIDA DE SEPARACIÓN

De no tratarse, la herida de separación puede causar una seria infelicidad. Cuando estás desconectado de las cosas por las que vale la pena vivir, es natural cuestionarte qué estás haciendo en este planeta. Este estado de depresión puede perpetuarse: entre más deprimido estás, más difícil es conectar con las personas, las prácticas y los lugares que restaurarían tu corazón y tu alma.

Aunque vivir con una herida de separación puede ser devastador, es importante que sepas que siempre es posible reconectar, empezando hoy mismo. Como humanos, estamos hechos para conectar. Aunque esta habilidad esté dormida en ti ahora, puedes despertarla sin importar la edad que tengas o qué tan distanciado te sientas. Nuestros cerebros fueron diseñados para buscar la amistad, la comunidad y la ayuda mutua. Mejor aún, también fuimos creados para sentirnos como en casa en la naturaleza y para expresar la admiración, el asombro y la gratitud que caracteriza la experiencia de lo divino.

PRÁCTICAS DE SANACIÓN

Una vez que me di cuenta de mi herida de separación, decidí adentrarme en un viaje chamánico autodirigido para aprender más de la naturaleza de mi herida y de dónde había venido. Me puse cómoda, conseguí mi propio tambor y medité por más de una hora, permitiendo que el ritmo del instrumento me llevara profundamente a mi inconsciente. En el curso de este viaje, me vi a mí misma como un feto en el vientre de mi madre; percibí la intensa aversión que ella sentía hacia mi padre, y escuché sus pensamientos, enfocados en su deseo de divorciarse de él. En lo más profundo de sus entrañas, yo no sentía alegría ni seguridad, solo olas de odio, ira y miedo. Sentía que no era bienvenida, que estaba indefensa y atrapada. Aunque me habría gustado regresar a lo divino, era demasiado tarde, tenía que nacer de una madre que en realidad no me deseaba.

Como resultado de este viaje chamánico, descubrí que mi herida de separación se originó en la desconexión del amor de mi madre antes de nacer. Por primera vez me di cuenta de que esta dolorosa separación no se trataba de mí, sino de ella y los problemas por los que atravesaba cuando me concibió. A partir de ese momento, le pedí a lo divino que regresara a mi vida. Lloré, recé, canté y escribí poesía. No importaba dónde estaba o qué tipo de trabajo estuviera realizando, le pedía a la divinidad que me encontrara ahí.

Me percaté de que el amor me rodeaba por completo, solo que me había apartado de él. También me di cuenta de que el amor estaba dentro de mí como mi centro, mi naturaleza, mi esencia, mi origen y mi destino.

Durante todo este trabajo de sanación, también me estaba mudando a un nuevo departamento y tenía una fecha no negociable para sacar todas mis cosas del anterior. La mañana que debía hacer la mudanza, iba caminando desde un café hacia la casa, cuando me tropecé con un borde y me torcí el tobillo. Estaba sentada en la banqueta, retorciéndome del dolor, cuando mi amiga, que se suponía que me ayudaría a mudarme, me llamó para decirme que su camioneta se había descompuesto.

Mi mente se llenó instantáneamente de sentimientos de pánico y ansiedad, y estaba comenzando a sentir vergüenza. ¿Qué iba a hacer? Los nuevos inquilinos se mudarían esa misma tarde a mi viejo departamento, y yo le había prometido al dueño que estaría fuera para el mediodía. Aunque ya tenía casi diez años viviendo en Los Ángeles, no podía pensar en una sola persona a quien podría pedirle ayuda. Tenía docenas de compañeros en el hospital, y había vivido en un edificio con docenas de vecinos, pero solo conocía a esas personas de lejos. Cuando pensaba en llamarle a alguna de ellas, la ansiedad me retorcía el estómago.

Me sentía avergonzada de mi propio aislamiento. ¿Quién vive diez años en una ciudad y hace solo un amigo? Supuse que tendría que contratar a una compañía de mudanzas de último minuto, en caso de que eso fuera posible. Pero, cuando empecé a hacer llamadas, todas las compañías me decían que no podían venir de inmediato. Sentada en la banqueta, con el tobillo adolorido y mi café enfriándose, me puse a llorar.

Unos minutos después, una mujer que paseaba a su perro se detuvo y me preguntó si estaba bien.

—Deberías poner un poco de hielo en ese tobillo —dijo amablemente—. Me llamo Alicia. Vivo justo ahí. ¿Por qué no vienes y te sientas en mi terraza mientras te curo?

Me ayudó a llegar hasta su terraza pues yo cojeaba, y me quedé acariciando a su perro mientras ella fue por el hielo. Luego nos sentamos juntas, y le conté mi predicamento.

—¡Oh, cielos! —expresó—. Bueno, mi hijo y un amigo suyo llegarán en cualquier momento para pintar mi sala. Si tienes algo de dinero, estoy segura de que estarán encantados de cambiar el plan y ayudarte con la mudanza.

En efecto, mientras seguíamos sentadas ahí, dos veinteañeros llegaron en una *pickup* vieja.

—Josh, Esteban, les presento a Marie —dijo la mujer—. Necesita ayuda para mudarse de casa, y le dije que quizá ustedes estarían disponibles.

Tuve un impulsivo sentimiento de culpa y vergüenza por aceptar su ayuda, ¡qué bochornoso es no ser autosuficiente! Pero, antes de darme cuenta, los jóvenes estaban cargando la camioneta con mis cajas, me llevaron a mi nuevo departamento y las descargaron. Esa noche cené con Alice, Josh y Esteban; se volvieron amigos muy cercanos y, a través de su red social, he hecho muchos más. Mi sensación de aislamiento desapareció, y recordé una verdad que había olvidado hace mucho tiempo: el universo está lleno de sorpresas. No podemos predecirlo todo, y casi siempre es mejor que así sea.

Desde entonces, he tenido mayor apertura para confiar en lo divino y recibir los muchos regalos que constantemente fluyen hacia mí. Sé que no necesito controlarlo todo porque, de muchas maneras, la vida se encarga de sí misma cuando dejo de obstaculizarla. Puedo recibir sin sentir culpa porque sé que luego yo haré algo por alguien más; soy parte de la enorme y recíproca red, y pertenezco.

PRÁCTICA DE SANACIÓN: RECIBIR

Desde que somos niños, se nos alienta a compartir («comparte tus juguetes», «comparte tu comida»). Cuando crecemos, se nos enseña a dar («da tu tiempo», «dona tu dinero», «aprende a ser más generoso»). Sin embargo, en la cultura occidental, rara vez se nos enseña a recibir. De hecho, puede haber vergüenza relacionada con recibir: eso es para gente pobre, débil, gente que no puede hacerlo por sí misma. Cuando alguien nos da un regalo, de inmediato empezamos a planear cómo vamos a regresar el favor, lo cual es una manera de *no recibirlo en realidad.*

Para sanar la herida de separación, debemos sentirnos cómodos recibiendo. No podemos ser parte de la red de la vida si solamente damos, eso violaría las leyes de la física. Además, no seremos buenos amigos, parejas o miembros de una comunidad si no sabemos recibir.

En esta práctica de sanación, te invito a que aceptes alguna clase de regalo. Podría ser aceptando que tu pareja te dé un masaje, pedirle a un vecino que te ayude a mover un mueble pesado, preguntarle a un extraño por una dirección, o incluso ir a un banco de alimentos o un comedor comunitario y aceptar una comida por la que no pagaste. Cuando hayas hecho alguna de estas cosas, responde las siguientes preguntas en una libreta:

- ¿Cómo te sentiste al recibir algo sin gastar nada de dinero o sin devolver inmediatamente el favor?
- ¿Qué necesitarías para permitirte recibir de manera habitual?
- ¿En qué sería diferente tu vida si te sintieras bien recibiendo?

Un cliente mío estaba teniendo problemas en su matrimonio, no porque no pudiera dar suficiente, sino porque no sabía recibir. Cuando su madre murió, pasó por un duelo inimaginable, pero no dejaba que su esposa lo consolara. En vez de eso, se refugió en el trabajo y pasaba muchas horas en el gimnasio. Le decía a su esposa que no quería abrumarla con su tristeza, pero la verdad era que temía que dejarse cuidar lo debilitara. Su esposa se sentía desplazada y rechazada, pues su instinto natural de consolarlo no tenía adónde ir.

Le pregunté a mi cliente cómo se sentiría al permitir que su esposa lo abrazara por treinta minutos, mientras él lloraba, ¡y le aterró la idea!

—¡No podría hacerle eso a ella! —dijo—. Lo último que necesita es que su esposo se convierta en un mar de lágrimas.

Le comenté que quizá su herida de separación era la que hablaba. Si él encontraba el valor para recibir el amor de su esposa durante esa etapa difícil, se daría cuenta de que no había nada que temer en realidad.

Después de nuestra sesión, se fue a casa y siguió evitando a su esposa. Pero una noche, el duelo era tan intenso, que se fue temprano del gimnasio. Su esposa estaba sentada en el sillón, viendo una película. Él se recostó y puso su cabeza en su regazo. Al cabo de unos minutos, empezó a llorar. Ella le acarició la cabeza y lo consoló, y él sintió una increíble corriente de amor fluyendo hacia el interior de su cuerpo. Se dio cuenta de que había estado alejándose de esta maravillosa energía sanadora. A su esposa no le costó nada darle todo ese amor, de hecho, también se sintió de maravilla.

PRÁCTICA DE SANACIÓN: CONECTAR CON LA NATURALEZA

Uno de los aspectos más dolorosos de la herida de separación es estar desconectado de la naturaleza. Muchos de mis clientes han vivido durante años, incluso décadas, en sus casas; sin embargo, la mayoría no sabe de dónde proviene el agua que consumen, o cómo se llaman los árboles y las plantas que los rodean. Casi nunca pueden recordar la última vez que caminaron descalzos, tomaron una siesta bajo un árbol, o comieron una planta o una fruta silvestre. Ellos perciben el exterior como un lugar por el que se desplazan de camino a otro espacio cerrado, no como un hogar al cual pertenecen.

En esta práctica, te invito a identificar un lugar natural en tu localidad que puedas visitar con frecuencia. Podría ser un río o un lago, una colina con un paisaje bonito, un bosque o un pantano. Si vives en una gran ciudad, quizá sea un parque público, o incluso un terreno abandonado en el que han crecido plantas silvestres. A mí me encanta sentarme junto al mar y poner toda mi atención en el ritmo de las olas.

Una vez que hayas identificado el lugar, planea un viaje especial para visitarlo. Cuando llegues, preséntate. Puedes hacerlo en silencio o en voz alta. Por ejemplo, di algo como: «Hola, océano Pacífico. Yo soy Marie. Vivo aquí cerca. Me gustaría conocerte a ti, a las plantas, a los animales y a los espíritus de la naturaleza que viven aquí. A cambio, puedo ofrecerte mis cuidados y mi atención».

El simple acto de presentarte con un lugar natural contiene un poder sorprendente. Al crecer, generalmente se nos enseña que la naturaleza es nada más una decoración, algo que está «ahí afuera». Cuando te presentas con un espacio como lo harías con una persona, te estás colocando en una posición de igualdad con él y, por lo tanto, abriéndote a la posibilidad de una relación más profunda.

Una de mis clientas era una moderna mujer atea que trabajaba en el área de tecnología y sufría de depresión crónica. Ella encontró este ejercicio terriblemente vergonzoso:

—¿Yo? ¿Hablarle a un río? —dijo.

Aunque todo el tiempo iba a correr por la orilla del río mientras escuchaba un pódcast en sus audífonos, y solía sentarse en la banca de un parque a leer una novela a la hora del almuerzo, nunca había conectado realmente con el río como un ser vivo, un ente que respira, algo que puede percibirla y responderle, tal como ella lo percibe y le responde a él. De hecho, la idea le asustaba un poco.

Pero con un poco de convencimiento, aceptó dejar sus audífonos y su novela en casa, e ir al río como si visitara a un abuelo u otro familiar, con la intención de ponerle atención y quizá, incluso, tener una conversación con él.

Al principio, sentarse junto al río sin nada que hacer, fue terriblemente extraño para ella. De inmediato se aburrió e inquietó. Quería que su libro o su pódcast llenaran el espacio vacío. Pero cuando por fin logró superar su inseguridad y se presentó con el río, algo increíble sucedió.

De pronto, su incomodidad fue reemplazada por un sentimiento de curiosidad. Se sintió transformada; pasó de ser una consumidora del paisaje a una participante. Su cuerpo se relajó, y sus ojos y oídos empezaron a absorber detalles que antes habían ignorado. Comenzó a recibir la paz y la belleza del lugar (ahí está otra vez esa palabra: *¡recibir!),* en lugar de sentir que tenía que hacer algo para justificar su presencia ahí.

En visitas subsecuentes, desarrolló una amistad cercana con el río. «¡Qué hermoso te ves hoy!», le decía. O «Río, estoy pasando por algo difícil y no sé qué hacer». Luego se sentaba en su orilla a ver el agua correr y, como era de esperarse, el río la consolaba, como lo hace un amigo.

No le costó mucho trabajo empezar a reconocer las plantas y las aves. De hecho, se interesó tanto en estas, que se unió a un grupo local de observadores de aves y se involucró con la conservación. Cuando se dio cuenta, ya estaba conectada con diferentes comunidades: humanos, plantas, animales y agua. Su depresión desapareció cuando se movió de un estado de separación a un estado de profunda interconexión. Y todo empezó porque encontró el valor para tratar a un río como a un amigo.

PRÁCTICA DE SANACIÓN: MEDITACIÓN DEL AMOR BENEVOLENTE

La herida de separación puede hacerte sentir completamente solo y desconectado del resto de la humanidad. Aunque tengas amigos, vecinos, y familiares, puede ser que aún no sientas que eres parte de algo, que estás conectado a la red divina que se extiende por el tiempo y el espacio.

La meditación del amor benevolente, o *metta*, puede restaurar este sentimiento de conexión. Esta es una antigua práctica budista, en la cual comienzas por enviarte energía amorosa a ti mismo, luego a alguien cercano a ti, después a alguien con quien has tenido alguna dificultad, y finalmente a toda la humanidad. Hay muchas variantes de esta práctica, pero esta es mi técnica favorita:

Primero siéntate o recuéstate en una posición cómoda.

Cierra tus ojos, y trae a tu mente el recuerdo de alguna vez en la que te sentiste de verdad feliz, sereno y en paz. Utiliza todos tus sentidos para convocar este recuerdo con cada detalle: puedes visualizarlo, recordar lo que tu cuerpo sentía, o incluso imaginar los sonidos y aromas. Una vez que hayas invocado estos sentimientos de felicidad, paz y tranquilidad, permítete absorberlos como un baño caliente. Quédate ahí hasta que sientas una conexión fuerte y estable con ellos.

Ahora, visualiza a una persona que ames. Pon toda tu conciencia en tu corazón, formula un deseo gentil de que esa persona experimente los mismos sentimientos de felicidad, paz y tranquilidad que tú estás sintiendo en este momento. Imagina que esa persona te sonríe, disfrutando de los maravillosos sentimientos que le estás enviando.

Luego, repite el proceso, dirigiéndolo a una persona con la que hayas tenido alguna dificultad. No tiene que ser alguien que te haya lastimado profundamente, puede ser alguien que te fastidie o que te desagrade ligeramente. Imagina a esta persona sintiéndose feliz, tranquila y en paz. Esto puede ser una experiencia sorprendente y emotiva, ¡incluso si esa persona realmente te desagrada!

Repite este proceso con todas las personas que elijas, gente que te cae bien, que te desagrada, con extraños... Termina tu práctica deseando felicidad, paz y tranquilidad para todos los seres de la Tierra.

Cuando practicas el amor benevolente, te conectas con el amor divino dentro de ti. Descubes que puedes vincularte con toda la humanidad, aun si estás solo y atrapado en una isla desierta. Incluso si no perteneces a una religión o comunidad espiritual en particular, siempre puedes conectar con el poder del amor.

Una clienta mía dejó de ir al *ashram* en el que practicaba yoga debido a un escándalo que involucraba a uno de los maestros. Aunque ella había sido una ferviente seguidora de las enseñanzas de su gurú, y había tenido muchas experiencias espirituales profundas durante el tiempo que estudió en ese lugar, ahora se encontraba cuestionándose si algo de eso había sido real. Anhelaba reconectar con un sentido de lo sagrado, pero, como ella dijo, se sentía desconfiada y no quería «salir corriendo de un culto para unirse a otro». La meditación de amor benevolente le brindaba una manera segura de cultivar profundos sentimientos de amor y conexión, sin correr el riesgo de que otra institución o gurú traicionara su confianza.

Más adelante me dijo que se había unido al *ashram* debido a su herida de separación. Ella quería que alguna figura de autoridad le marcara reglas y restricciones a las cuales atenerse, sin importar cuán arbitrarias o ridículas pudieran parecer, porque creía que era indigna y necesitaba que la arreglaran antes de poder dar o recibir amor espiritual. Conforme su herida de separación comenzó a sanar, sus sentimientos de poca valía desaparecieron, y ella se dio cuenta de que podía dar y recibir amor en cualquier momento y lugar, sin necesitar el permiso de ningún gurú.

SEÑALES DE QUE TU HERIDA DE SEPARACIÓN ESTÁ SANANDO

En verdad amo cuando mis clientes empiezan a trabajar en su herida de separación, porque la transformación que veo en ellos semana tras semana es casi milagrosa. El pecho hundido se transforma en un corazón abierto. El ceño fruncido deja su lugar a un rostro sonriente. Las intensas elucubraciones son sustituidas por pláticas felices. Sus ojos centellean; sus cuerpos brillan. Realmente lucen como si los hubieran reconectado a una fuente divina de nutrición.

Cuando empecé a sanar mi propia herida de separación, todos los que me conocían hacían comentarios de mi cambio. «¡Es una nueva Marie!», me decía la gente. Pero no era una nueva Marie, no en realidad, era la Marie que siempre había estado ahí, esperando ser conectada de nuevo con su fuente. Me sentía como una semilla seca a la que finalmente se le había dado agua, y ahora, por primera vez, estaba floreciendo por completo.

Puedes comprobar que tu herida de separación está sanando al notar alguna de las siguientes características:

- Sientes un aumento de energía, vitalidad y libido.
- Tienes una sensación de conexión con las personas que te rodean.
- Descubres que te es fácil hacer amigos y construir comunidades.
- Te preocupas menos por el futuro.
- Aumenta tu habilidad de permanecer en el presente.
- Tu cuerpo es más ágil y flexible.
- El dolor disminuye.
- Duermes mejor.
- Tienes un buen sentido del humor.
- Experimentas sentimientos espontáneos de alegría.
- Tus inhibiciones disminuyen.
- Toleras más la incertidumbre.
- Tu creatividad aumenta.
- Te estresas menos ante la adversidad.

TESORO ESCONDIDO: RENDICIÓN

Cuando sanas la herida de separación, se revela un sorprendente tesoro: la rendición. Si has estado viviendo en un estado de desconexión por mucho tiempo, la rendición puede no parecer en realidad un tesoro; parece, más bien, atemorizante: «¿Quién quiere rendirse? ¿No pasará algo terrible si bajo la guardia?».

Aun así, la habilidad de rendirte es increíblemente valiosa. Cuando nos rendimos estamos confiando en que Dios, el universo y otras personas cuidarán de nosotros. Estamos expresando nuestra fe en la existencia de fuerzas benévolas (de gentileza, generosidad, perdón y amor). Piensa en la manera en que los buenos amantes se rinden al placer, los buenos bailarines se rinden al ritmo de la música, o incluso los bebés y los niños se rinden al sueño. Rendirse es una experiencia de dicha, que está disponible para aquellos que han restaurado su sentido de conexión con un universo seguro y amoroso. Cuando sanes tu herida de separación, será una experiencia que estará disponible también para ti.

CONCLUSIÓN

LAS CINCO MAESTRAS DEL CORAZÓN

Cuando terminaba de escribir este libro, tuve una sesión que se quedará conmigo por el resto de mi vida. Mi clienta había pasado por todo: el abandono cuando era niña; la traición de su antiguo esposo, una madre sentenciosa y narcisista; un padre distante y desalentador; y, finalmente, una aplastante lucha contra el cáncer que la hizo sentir que estaba sola en el universo. Durante nuestro tiempo juntas, solía quebrarse en llanto, preguntando cómo se recuperaría alguna vez de una herida tan grande como la que ella había experimentado.

Sin embargo, uno de los días que tuvimos sesión, un nuevo brillo la rodeaba.

–¿Qué pasó? –le pregunté.

–Marie –me dijo–. Escuché *hablar* a mis heridas. Y me di cuenta de que ellas no son yo, en realidad son maestras que han venido para ayudarme a crecer.

Recordó cuando su entrenador de la preparatoria ponía al equipo de futbol a correr varias vueltas y a hacer interminables *burpees,* hasta que fueran tan fuertes y estuvieran tan en forma que sus cuerpos pudieran aguantar cualquier exigencia.

–Odiaba a ese entrenador –me dijo–. Pero cuando empecé a comprometerme con los *burpees,* en vez de resistirme, de verdad me hice más fuerte. Cuando dejé de distraerme y realmente escuché lo que el entrenador me decía, aprendí mucho acerca de cómo ser una mejor jugadora.

Aunque había estado dando vueltas con los ejercicios que le di, nunca se había comprometido en realidad, hasta ese momento. De pronto, se involucraba con todo su ser. Empezó a ver sus patrones con claridad, y a identificar las maneras en que sus heridas del corazón estaban dirigiendo su vida. No solo eso, sino que se estaba relacionando con las heridas como maestras de las cuales aprender, en lugar de verlas como enemigas a las que hay que eliminar.

De repente, su sanación tomó un nuevo impulso. Se volvió consciente de los momentos en que actuaba desde su verdadera esencia, y de aquellos en que seguía los dictados de una herida. Esta simple toma de conciencia la ayudó a vivir más desde su yo real, y menos desde los limitados confines de sus heridas. Descubrió que la vida era expansiva, gozosa y rebosante de posibilidades. Casi podía ver su corazón brillar a través de su camisa; estaba tan radiante y viva.

Si bien vivir con las cinco heridas del corazón puede ser doloroso, incómodo, extenuante o incluso devastador, también son nuestras grandes maestras. El corazón contiene toda la sabiduría que podemos necesitar, tal como lo han afirmado incontables maestros espirituales por miles de años. Incluso los rincones más dolorosos de nuestro corazón contienen tesoros invaluables. Si aprendemos a ver, escuchar y sentir, seremos capaces de aplicar esta sabiduría a nuestra vida, no solo para beneficio propio, sino para el de toda la humanidad. Todos podemos convertirnos en chamanes, al trabajar para el más alto bien.

De nuestras experiencias de abandono, podemos aprender a ser protectores, a estar presentes y a cuidar de nuestros amigos, padres y parejas.

De nuestras experiencias de traición, podemos aprender a discernir, ser leales y dignos de confianza.

De nuestras experiencias de rechazo, podemos aprender a vivir de acuerdo con nuestra verdad.

De nuestras experiencias de juicio, podemos aprender a recibir la vida con curiosidad y compasión.

De nuestras experiencias de separación, podemos aprender a conectar profundamente con el corazón de la vida.

Como chamana, he observado una y otra vez que las personas con las heridas más profundas tienden a convertirse en los sanadores más sabios. Nuestras heridas son rigurosas maestras, pero también son generosas, nos van entregando sus regalos tan pronto como los ganamos. En este sentido, parecen maldiciones que tenemos que romper o acertijos que resolver. Cuanto más trabajemos con ellas, más sabios y diestros nos volvemos.

Sanar las cinco heridas del corazón es un proceso que dura toda la vida. Aunque puedas dar grandes saltos y experimentar increíbles beneficios, siempre hay más trabajo por hacer. Yo sé que, año tras año, siempre regreso y descubro niveles aún más profundos en los que puedo sanar mis heridas y liberarme de las ataduras de mi pasado. Cada vez que regreso a una herida en específico, veo cosas que no había notado antes y tengo la oportunidad de sanarlas. En ese sentido, las heridas del corazón son dones constantes, siempre nos están entrenando para alcanzar el nivel para el que estamos preparados.

Conforme avances y trabajes una y otra vez con las prácticas de este libro, hallarás todo el amor y el aliento que puede haber en mi corazón y que plasmo en estas páginas. Sé que este trabajo requiere valor; requiere que hagamos uso de nuestras más profundas reservas de fuerza y vulnerabilidad, pero lo vale. Cuando sientas que tu corazón está en su máximo esplendor, vibrante, vivo y radiante, sabrás que todo por lo que has pasado hasta este momento era esencial para tu camino, y que tus heridas solo eran escalones que te llevaban hacia un nivel más alto de sabiduría, compasión y amor.